借玲珑画板之桨，
探究学习立体几何

主　　编　韩加增　安玉美　刘桂美
副 主 编　徐洪江　孟吉亮　王淑光
编　　委　周宝升　马　欣

北京理工大学出版社
BEIJING INSTITUTE OF TECHNOLOGY PRESS

版权专有　侵权必究

图书在版编目（CIP）数据

借玲珑画板之桨，探究学习立体几何 / 韩加增，安玉美，刘桂美主编. —北京：北京理工大学出版社，2020.8
　ISBN 978-7-5682-8866-8

Ⅰ. ①借… Ⅱ. ①韩… ②安… ③刘… Ⅲ. ①立体几何课 – 中等专业学校 – 教学参考资料 Ⅳ. ① G634.633

中国版本图书馆 CIP 数据核字（2020）第 144538 号

出版发行 / 北京理工大学出版社有限责任公司
社　　址 / 北京市海淀区中关村南大街 5 号
邮　　编 / 100081
电　　话 /（010）68914775（总编室）
　　　　　（010）82562903（教材售后服务热线）
　　　　　（010）68948351（其他图书服务热线）
网　　址 / http://www.bitpress.com.cn
经　　销 / 全国各地新华书店
印　　刷 / 三河市华骏印务包装有限公司
开　　本 / 787 毫米 × 1092 毫米　1/16
印　　张 / 10.25　　　　　　　　　　　　　责任编辑 / 孟祥雪
字　　数 / 108 千字　　　　　　　　　　　　文案编辑 / 孟祥雪
版　　次 / 2020 年 8 月第 1 版　2020 年 8 月第 1 次印刷　责任校对 / 周瑞红
定　　价 / 28.00 元　　　　　　　　　　　　责任印制 / 施胜娟

图书出现印装质量问题，请拨打售后服务热线，本社负责调换

序　言

　　本书是根据中等职业教育课程改革国家规划新教材《数学》（基础模块）下册修订版《立体几何》部分基础知识的内容，结合玲珑画板的强大功能制作的实验手册，符合学生的年龄特征和心理特点，通过玲珑画板的使用，激发学生的学习兴趣，以形象观察和自主操作探究提升抽象思维能力，培养学生的空间想象力和创造力，鼓励学生思考创新，更好地达成《中等职业学校数学教学大纲》的认知目标和技能与能力目标．

　　几何之父古希腊著名数学家欧几里得曾经说过，"几何无王者之道"，学习几何没有捷径、没有坦途，作为教师要尽己所能让学生保持对几何学习的持续热情．

　　爱因斯坦说过，"想象力比知识更重要，因为知识是有限的，而想象力概括着世界的一切，推动着进步，并且是知识进化的源泉．"严格地说，想象力是科学研究的实在因素．立体几何部分的教学，对于开拓学生的想象力至关重要．

　　玲珑画板是一款灵活的动态数学教学软件，在立体几何的应用方面，具创新性和实用性．

　　本书旨在借玲珑画板之桨，引领学生遨游立体几何的知识海洋．

　　1. 使用玲珑画板可以让学生乐于观察、循序渐进，可以潜移默化地提高学生的抽象思维能力．

2. 使用玲珑画板可以增强学生自主探究意识，使学生知其然且知其所以然.

3. 在信息化时代，多学一门数学软件，就多掌握一门技能.

感谢高仲富老师推出的玲珑画板，为我们的立体几何教学提供了理想的教学软件和范例（本书使用版本第一部分一般是 6.045 版，第二部分一般是 5.063 版，书中已经标明）. 感谢线上各位提供玲珑画板教学的老师们，通过对玲珑画板教程的学习，我们拓展了教学技能，增强了对立体几何部分教学的信心. 学无止境，对教学的探究也将日新月异.

由于时间仓促，书中难免有不妥之处，敬请读者及时批评指正，在此表示感谢.

编　者

目 录

数学实验 《认识多面体和旋转体》（任务单）…………………… 1

数学实验 棱柱（任务单）…………………………………………… 9

数学实验 棱锥（任务单）…………………………………………… 22

数学实验 圆柱（任务单）…………………………………………… 35

数学实验 圆锥（任务单）…………………………………………… 49

数学实验 球（任务单）……………………………………………… 62

数学实验 平面的基本性质（任务单）……………………………… 76

数学实验 直线、线面、面面平行的判定与性质（任务单）……… 90

数学实验 直线与直线、直线与平面、平面与平面所成的角

（任务单）……………………………………………………… 108

数学实验 直线与直线、直线与平面、平面与平面垂直的

判定与性质（任务单）………………………………………… 125

玲珑画板简介………………………………………………………… 138

玲珑画板绘图示例…………………………………………………… 146

数学实验 《认识多面体和旋转体》
（任务单）

【学习目标】

1. 通过数学实验，正确理解多面体、旋转体概念、结构和种类，熟悉常见简单组合体．

2. 通过数学实验，锻炼空间想象能力和类比学习能力．

3. 通过数学实验，在自主探究的软件学习中培养兴趣，激发想象力和创造力．

【任务准备】

1. 数学相关知识（各自完成，提前在小组内相互检查）．

多面体的概念及常见种类：_____；

旋转体的概念及常见种类：_____；

简单组合体的概念：_____；

多面体的面、棱、顶点：_____；

旋转体的轴（旋转轴）：_____；

旋转体的母线：_____．

2. 玲珑画板相关知识．

（1）熟悉玲珑画板软件的操作界面及 5.063 版自带实例.

（2）能够运用玲珑画板绘制简单的几何图形.

上机练习

识别玲珑画板图示的多面体、旋转体以及简单组合体，分析结构.

完成后，选择菜单"视图"→"透视图"，观看各种空间几何体的3D透视图.

【任务分析】（本部分图示软件自带）

1. 识别玲珑画板图示的多面体，分析结构.

2. 识别玲珑画板图示的旋转体，分析结构.

3. 识别玲珑画板图示的简单组合体，分析结构.

【任务实施】

任务探究1

例1 识别多面体，分析结构

（一）玲珑画板图示

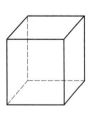
正方体

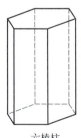
六棱柱

五棱锥

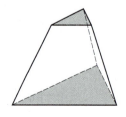
三棱台

（二）归纳定义

由若干个平面多边形围成的封闭的几何体叫作**多面体**.

围成多面体的各个多边形叫作**多面体的面**，两个面的公共边叫作**多面体的棱**，棱与棱的交点叫作**多面体的顶点**，不在同一个面上的两个顶点的连线叫作**多面体的对角线**.

（三）分析各部分名称和结构特征

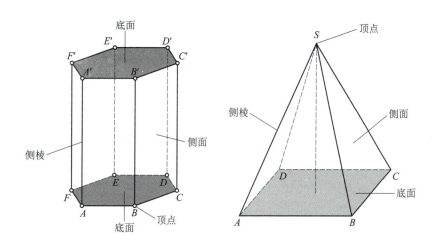

任务探究 2

例 2　识别旋转体，分析结构

（一）玲珑画板图示

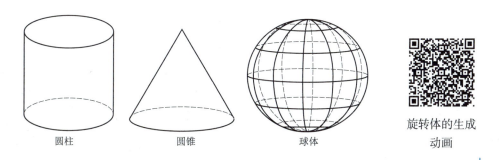

圆柱　　　圆锥　　　球体　　　旋转体的生成动画

（二）归纳定义

一条平面曲线绕着它所在的平面内的一条定直线旋转所形成的曲面叫作**旋转面**；该定直线叫作**旋转体的轴**；封闭的旋转面围成的几何体叫作**旋转体**. 该曲线叫作**旋转体的母线**.

（三）分析各部分名称和结构特征

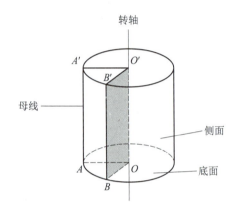

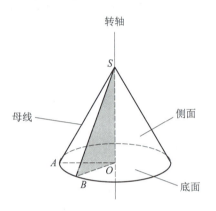

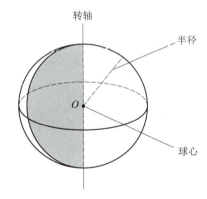

任务探究 3

例 3 识别简单组合体，分析结构

（一）玲珑画板图示

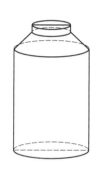
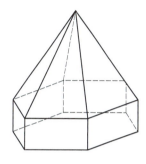

组合体的三视图

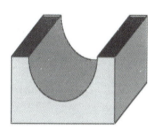

（二）归纳定义

由简单几何体组合而成的几何体叫作**简单组合体**．

（三）分析各部分名称和结构特征

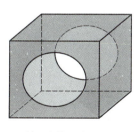

（正方体-圆柱）

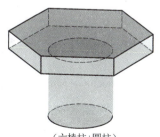

（六棱柱+圆柱）

以上实验你能够独立完成吗？如有疑问可申请教师帮助，或者与同学互相讨论，发现自己或同学的过人之处，并纠正出现的错误．

【自主探究】

为检测同学们对本节知识的掌握情况，请同学们完成下列题目．

1. 归纳多面体、旋转体的概念、结构和种类．
2. 用玲珑画板中的简单几何体组合成几种简单组合体．

【任务评价】

（一）实验效果检测（选用前面任一任务探究）

（二）实验课堂学习评价表（或实验报告，大家可根据实际选择使用）

微课链接：https：//pan.baidu.com/s/1FovpXxGBrHbOoIakBCzgtQ　提取码：bflf

《认识多面体和旋转体》微课

_____数学实验课堂学习评价表

专业与班级：　　　　　姓名：　　　　　日期：　　年　月　日

项目	序号	评价标准	权重	分别评分			分数
				自评 30%	组评 30%	师评 40%	
学习态度	1	能够按照要求提前完成复习、练习等准备工作	10				
	2	上课专注，有较强学习欲望，能积极参与课堂活动	10				
学习方法	3	有较为科学的学习计划；有认真记笔记的习惯	10				
	4	勤学好问；能及时总结方法、规律等经验	10				
	5	能够通过查阅书刊、上网等方式探究所学知识，拓展思路或开阔视野	10				
合作交流	6	能主动表明自己的观点；能认真听取师生的意见，并客观对待	10				
	7	能够独立学习，并愿意与同学合作	10				
学习纪律	8	遵守考勤制度；遵守课堂纪律	10				
学习效果	9	能够掌握所学的概念、方法等重点知识，并能初步应用其解决一些问题	10				
	10	能够理解或了解难点知识，并能用一定的方式表达出来；有继续学习的愿望	10				
总分			100				

定性评价	自评：
	组评：
	师评：

_____数学实验报告（学生填写）

实验名称				实验日期	
姓名		性别		学号	
所在专业、班级		指导教师		学生自评（满分100）	
实验过程与感受（实验中的发现，个人在**操作**、**语言**、**动脑**等方面的表现，体验的快乐）					
实验效果（含学到的知识、操作技能、获得的经验以及有待于提高的方面等）					
对今后的建议（给自己的、给老师的）					

温馨提示：勤学和知识是朋友，汗水和技能是伙伴．

数学实验　棱柱（任务单）

【学习目标】

1. 通过数学实验，正确理解棱柱的结构特征、正棱柱的侧面展开图以及直棱柱侧面积、表面积及棱柱体积的计算．

2. 通过数学实验，锻炼空间想象能力、逻辑思维能力和计算能力．

3. 通过数学实验，在自主探究的软件学习中培养学习兴趣，激发想象力和创造力．

【任务准备】

1. 数学相关知识（各自完成，提前在小组内相互检查）．

棱柱的结构特征：＿＿＿＿＿＿＿＿＿＿＿＿＿＿＿＿＿＿＿＿＿＿．

正棱柱的性质：（1）＿＿＿＿＿＿＿＿＿＿＿＿＿＿＿＿＿＿＿＿；

（2）＿＿＿＿＿＿＿＿＿＿＿＿＿＿＿＿＿＿＿＿．

直棱柱的侧面展开图形状＿＿＿＿＿＿＿＿＿＿＿＿＿＿＿＿＿．

直棱柱侧面积、表面积、体积的计算：＿＿＿＿＿＿＿＿＿＿＿．

棱柱体积的计算：＿＿＿＿＿＿＿＿＿＿＿＿＿＿＿＿＿＿＿．

2. 玲珑画板相关知识.

（1）熟悉玲珑画板软件的操作界面.（6.045 版）

（2）能够运用玲珑画板绘制简单的几何图形.

上机练习

用玲珑画板根据棱柱的结构特征，尝试画出**斜四棱柱、正六棱柱、正六面体和长方体**.完成后，选择菜单"视图"→"透视图"，观看 3D 透视图，查看所作图是否标准.

【任务分析】

1. 用玲珑画板绘制斜四棱柱.

2. 用玲珑画板绘制正六棱柱和正六面体.

3. 用玲珑画板绘制长方体，探究体对角线的表达式.

4. 根据绘图，探究直棱柱侧面积、表面积及棱柱体积.

【任务实施】

任务探究 1

例 1　绘制一个斜四棱柱（6.045 版）

（一）作图步骤

1. 3D 网格模式下，首先绘制一个四边形 $ABCD$ 作为下底面，选中后复制、粘贴.使用"编辑"→"精确定位"→"定值位移"命令，将复制的四边形沿 y 轴方向平移 2 个单位，沿 z 轴方向上升 5 个单位，至 $A'B'C'D'$ 作为与下底面平行的上底面，顺次连接 AA'、BB'、CC'、

DD'，构成四条相互平行的侧棱，相邻两条侧棱和连接的上下底面的棱构成侧面，这样就形成了一个斜四棱柱．

2. 在斜四棱柱的底面上选中一点 E，重复构建一个自由点，使用"编辑"→"精确定位"→"定值位移"命令，将 E 点沿 z 轴方向上升至 F 处．连接 EF 两点，则线段 EF 就是斜四棱柱的高．选中打开透视图，看一下效果．底面和侧面都可以在图形中创建面，然后再选中打开透视图，看一下效果．

（二）归纳定义

侧棱不垂直于底面的棱柱叫作**斜棱柱**．

棱柱的底面可以是三角形、四边形、五边形……这样的棱柱分别叫三棱柱、四棱柱、五棱柱……

斜四棱柱既具备斜棱柱的特征，也具备四棱柱的特征．

（三）分析斜四棱柱的各部分名称和结构特征

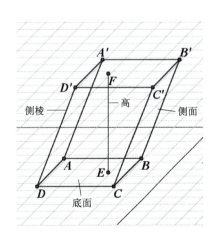

任务探究 2

例 2 用玲珑画板绘制正六棱柱和正六面体（6.045 版）

（一）绘制正六棱柱

1. 正六棱柱作图步骤．

3D 网格模式下，使用"创建"→"正多边形"→"正六边形"命令，绘制一个正六边形 ABCDEF，复制、粘贴后，使用"编辑"→"精确定位"→"定值位移"命令，将复制的正六边形沿 z 轴方向上升 5 个单位，至 A'B'C'D'E'F' 作为与下底面平行的上底面，顺次连接 AA'、BB'、CC'、DD'、EE'、FF'，构成六条相互平行的侧棱，且侧棱垂直于底面，相邻两条侧棱和连接的上下底面的棱构成侧面，这样就形成了一个正六棱柱．选中打开透视图，看一下效果．底面和侧面都可以选中相应对象后，右击，选中"合成组件"和"创建多边形面"命令在图形中创建面，最后可以框选正六棱柱，右击，选中"合成组件"命令，然后再选中打开透视图和三视图，看一下效果．

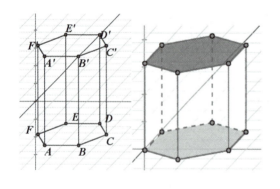

正六棱柱的透视图

正六棱柱的三视图

2. 归纳定义：

侧棱垂直于底面的棱柱叫作**直棱柱**．底面是正多边形的直棱柱叫作**正棱柱**.

（二）正六面体作图

1. 使用"创建"→"正多面体"→"正六面体"命令，单击就可以创建一个正六面体.

2. 请同学们区分一下正六棱柱和正六面体，它们各自的结构特征是怎样的？

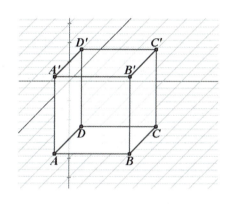

任务探究 3

例 3 用玲珑画板绘制长方体，探究体对角线的表达式（6.045版）

（一）长方体

3D 网格模式下，绘制一个长为 5 个单位，宽为 4 个单位的矩形 $ABCD$ 作为下底面，选中后复制、粘贴，使用"编辑"→"精确定位"→"定值位移"命令，将复制的矩形沿 z 轴方向上升 3 个单位，至 $A'B'C'D'$ 作为与下底面平行的上底面，顺次连接 AA'、BB'、CC'、DD'，这样就形成了一个长方体.

（二）长方体的面对角线

面对角线就是我们平常所说的平面图形上的对角线，像长方形的对角线一样.

连接 DB，就作出了长方体的一条面对角线. 求解方法：DB 是直角三角形 BCD 的斜边，利用勾股定理计算其长度 $BD=\sqrt{5^2+4^2}=\sqrt{41}$.

（三）长方体的体对角线

1. 绘制计算.

体对角线是连接棱柱上下底面的不在同一侧面的两顶点的连线. 连接 BD'，就作出了长方体的一条体对角线. 选中 DB、DD'，使用"测量"→"角（180）"命令，测量一下 $\angle BDD'$ 的角度，可以明确测量出是直角. 然后运用"创建"→"标记"→"直角"命令，可以将 $\angle BDD'$ 标注为直角. 求解方法：BD' 是直角三角形 BDD' 的斜边，再次利用勾股定理计算 $BD'=\sqrt{3^2+41}=\sqrt{50}=5\sqrt{2}$.

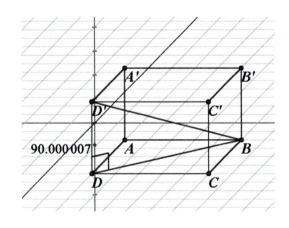

2. 归纳：

一般地，若长方体的长、宽、高分别是 a，b，c，则其对角线的长是 $\sqrt{a^2+b^2+c^2}$．即**长方体的一条对角线长的平方等于一个顶点上的三条棱长的平方和**．

3. 绘图思考：

绘制出另外一条面对角线，与体对角线构成一个新的三角形，再次验证体对角线的表达式．

任务探究 4

例 4 探究直棱柱侧面积、表面积和棱柱体积

1. 直棱柱侧面积、表面积.

下面是正六棱柱及其侧面展开图,思考问题:

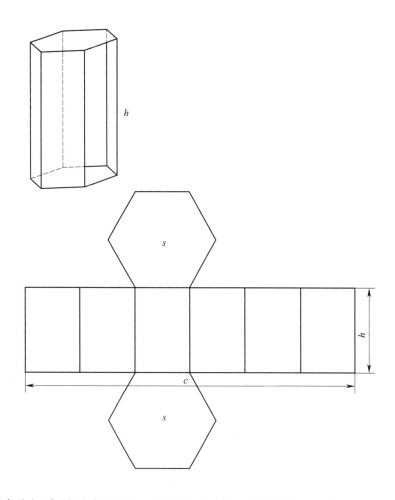

请分析直棱柱侧面积、表面积应该如何计算.

_____

_____

2. 棱柱体积.

根据祖暅原理推导棱柱体积公式.

有一个长方体、一个圆柱和一个棱柱，它们的底面积都等于s，高都等于h，它们的下底面都在同一个平面上，因为它们的上底面和下底面平行且高相等，所以它们的上底面都在和下底面平行的同一个平面内，用与底面平行的任意平面去截它们时，所得到的截面面积都等于s，根据祖暅原理，它们的体积相等，由于长方体的体积等于它的底面积和高的乘积，于是我们得到柱体体积的计算方法.

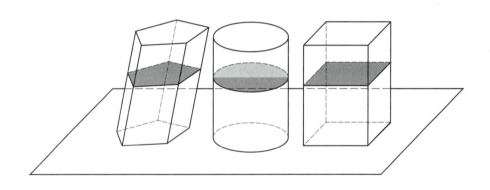

请分析棱柱体积应该如何计算.

___

以上实验你能够独立完成吗？如有疑问可申请教师帮助，或者与同学互相讨论，发现自己或同学的过人之处，并纠正出现的错误.

【自主探究】

为检测同学们对本节知识的掌握情况,请同学们完成下列题目.

1. 归纳作斜棱柱、直棱柱、正棱柱的一般步骤.

2. 假设正三棱柱的底面边长为 4,高为 5,求这个正三棱柱的表面积和体积.

【任务评价】

（一）实验效果检测（选用前面任一任务探究）

（二）实验课堂学习评价表（或实验报告，大家可根据实际选择使用）

微课链接：https://pan.baidu.com/s/1smF55eYNjNMsJwmqBbxRPQ

提取码：m295

《棱柱》微课

_____数学实验课堂学习评价表

专业与班级：　　　　　　姓名：　　　　　　日期：　　年　月　日

项目	序号	评价标准	权重	分别评分			分数
				自评 30%	组评 30%	师评 40%	
学习态度	1	能够按照要求提前完成复习、练习等准备工作	10				
	2	上课专注，有较强学习欲望，能积极参与课堂活动	10				
学习方法	3	有较为科学的学习计划；有认真记笔记的习惯	10				
	4	勤学好问；能及时总结方法、规律等经验	10				
	5	能够通过查阅书刊、上网等方式探究所学知识，拓展思路或开阔视野	10				
合作交流	6	能主动表明自己的观点；能认真听取师生的意见，并客观对待	10				
	7	能够独立学习，并愿意与同学合作	10				
学习纪律	8	遵守考勤制度；遵守课堂纪律	10				
学习效果	9	能够掌握所学的概念、方法等重点知识，并能初步应用其解决一些问题	10				
	10	能够理解或了解难点知识，并能用一定的方式表达出来；有继续学习的愿望	10				
总分			100				
定性评价	自评：						
	组评：						
	师评：						

_____数学实验报告(学生填写)

实验名称				实验日期	
姓名		性别		学号	
所在专业、班级		指导教师		学生自评（满分100）	

实验过程与感受（实验中的发现，个人在**操作**、**语言**、**动脑**等方面的表现，体验的快乐）

实验效果（含学到的知识、操作技能、获得的经验以及有待于提高的方面等）

对今后的建议（给自己的、给老师的）

温馨提示：勤学和知识是朋友，汗水和技能是伙伴．

数学实验 棱锥（任务单）

【学习目标】

1. 通过数学实验，正确理解棱锥的结构特征、正棱锥的侧面展开图、正棱锥侧面积、表面积及棱锥体积的计算．

2. 通过数学实验，锻炼空间想象能力、逻辑思维能力和计算能力．

3. 通过数学实验，在自主探究的软件学习中培养学习兴趣，激发想象力和创造力．

【任务准备】

1. 数学相关知识（各自完成，提前在小组内相互检查）．

棱锥的结构特征：_____．

正棱锥的性质：（1）_____；

（2）_____．

正棱锥的侧面展开图形状：_____．

正棱锥侧面积、表面积的计算：_____．

棱锥体积的计算：_____．

2. 玲珑画板相关知识.

（1）熟悉玲珑画板软件的操作界面.（6.045 版）

（2）能够运用玲珑画板绘制简单的几何图形.

上机练习

用玲珑画板根据棱柱的结构特征，尝试画出**三棱锥**、**正四棱锥**、**正四面体**.

完成后，选择菜单"视图"→"透视图"，观看3D透视图，查看所作图是否标准.

【任务分析】

1. 用玲珑画板绘制三棱锥.

2. 用玲珑画板绘制正四棱锥.

3. 用玲珑画板绘制正四面体.

4. 根据绘图，探究正棱锥侧面积、表面积及棱锥体积.

【任务实施】

任务探究 1

例 1 绘制一个三棱锥（6.045 版）

（一）作图步骤

1. 首先在 3D 网格模式下，绘制一个三角形 ABC，右击，选中快捷菜单中的"创建多边形面"命令，将其作为三棱锥的底面．然后在 2D 网格模式下，选择三角形之外的一个点 S，作为三棱锥的顶点，依

次连接侧棱 AS，BS，CS，选中顶点和底面，使用"创建"→"创建辅助对象"→"点面垂线"命令，创建高 SO，可以拖动 S 点，高 SO 随之移动．框选后打开透视图，看一下效果．

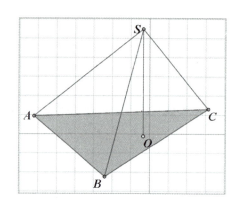

2. 可以依次选中侧棱 SA、SB 和底面的棱 AB，右击，选中快捷菜单中的"创建多边形面"命令，创建侧面 SAB，同理可以创建侧面 SBC、SAC．使用"视图"→"自动虚实显示"命令，框选三棱锥后打开透视图，看一下效果．

（二）归纳定义

1. 多面体有一个面是多边形，其余各面是有一个公共顶点的三角形，这样的多面体叫作**棱锥**，其中有公共顶点的三角形叫作**棱锥的侧面**，多边形叫作**棱锥的底面（简称底）**，各侧面的公共顶点叫作**棱锥的顶点**，如果棱锥的底面水平放置，则过顶点的铅垂线与底面交点到顶点的距离叫作**棱锥的高**．

2. 棱锥用顶点和底面各顶点的字母，或用顶点和底面一条对角线端点的字母来**表示**，如上图中三棱锥，可表示为 $S-ABC$，其中 SO 是棱锥的高.

3. 棱锥按底面多边形的边数不同可以分别称底面是三角形，四边形，五边形等的棱锥为**三棱锥，四棱锥，五棱锥**等.

（三）分析三棱锥的各部分名称和结构特征

任务探究 2

例 2 用玲珑画板绘制正四棱锥和正四面体（6.045 版）

（一）正四棱锥作图：

1. 作图步骤：

使用"创建"→"正多边形"→"正方形"命令，绘制一个正方形 $ABCD$ 作为底面，框选后使用"创建"→"中心点"→"添加自由中心点"命令，出现中心点后，添加标签为 O，重复创建一个自由点，单击自由点，使用"编辑"→"精确定位"→"定值位移"命令，将复制的自由点沿 z 轴方向上升 5 个单位，添加标签为 S，作为顶点，则顶点 S 在底面上的射影 O 是底面的中心.

依次连接侧棱 AS，BS，CS，DS，高 OS，选中打开透视图，看一下效果.

依次选中侧棱 SA、SB 和底面的棱 AB，右击，选中快捷菜单中的"创建多边形面"命令，创建侧面 SAB，同理可以创建侧面 SBC、SCD、SDA. 这样就形成了一个正四棱锥. 选中打开透视图，看一下效果.

使用"测量"→"线长度"命令，依次测量侧棱长，可以发现各侧面都是全等的等腰三角形，选中底面的棱 CD，使用"创建"→"等分点"→"中点"命令创建中点 E，连接 SE，则 SE 是等腰三角形 SCD 的高，也是正四棱锥的一条斜高．可以用左侧工具栏上的画线工具，顺次连接 ED，ES，选中这两条线段，使用"测量"→"角（180）"命令进行测量，然后使用"创建"→"标记"→"直角"命令，创建直角标记．同理可以创建其余侧面的高，也就是正四棱锥的其余斜高．

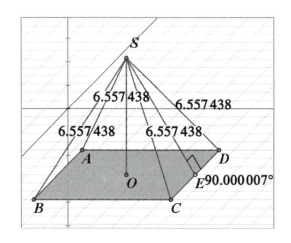

2. 归纳定义：

底面是正多边形，顶点在底面上的射影是底面的中心的棱锥叫作**正棱锥**．

正棱锥的各侧面都是全等的等腰三角形，各等腰三角形底边上的高相等，叫作**正棱锥的斜高**．

（二）正四面体作图

1. 步骤：使用"创建"→"正多面体"→"正四面体"命令单击就可以创建一个正四面体．

正四面体

2. 请同学们区分一下正四面体和正三棱锥，它们各自的结构特征是怎样的？

任务探究 3

例 3 用玲珑画板探究正四棱锥中的线长关系（6.045 版）

在前面绘制的正四棱锥中，用左侧工具栏上的画线工具，顺次连接 OB，OE，则三角形 SOB，SOE，SED 都构成直角三角形．对于三角形 SOB，可以顺次选中 OS，OB，使用"测量"→"角（180）"命令进行测量，然后使用"创建"→"标记"→"直角"命令，创建直角标记．符合勾股定理，可以测量出计算．同理对于三角形 SOE，可以顺次选中 OS，OE，测量标记．

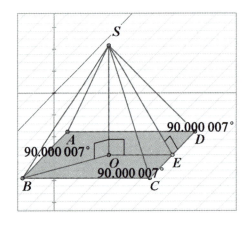

归纳：

请思考一下正四棱锥中的线长关系，有哪几组勾股关系式？

任务探究 4

例 4 探究正棱锥侧面积、表面积及棱锥体积

（一）正棱锥侧面积、表面积

下面是正六棱锥及其侧面展开图，思考问题：

 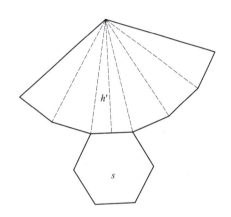

通过以上作图，请分析正棱锥侧面积、表面积应该如何计算．

（二）棱锥体积

请观看玲珑画板动画《三棱锥体积公式的推导（增加旋转动画）》（5.063 版软件自带）

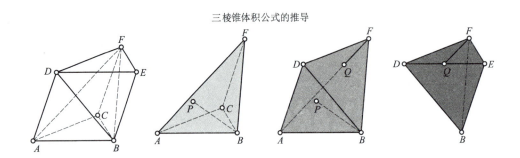

三棱锥体积公式的推导

将三棱柱 ABC—DEF 分成三个三棱锥：

前两个三棱锥中，三角形 ACF 与 ADF 面积相等，点 B 到这两个三角形的距离都是 BP，故它们的体积相等．

后两个三棱锥中，三角形 ABD 与 EDB 面积相等，点 F 到这两个三角形的距离都是 FQ，故它们的体积相等．

三棱锥体积公式的推导

结论：第一个三棱锥的体积等于原三棱柱体积的 1/3，于是：三棱锥的体积等于同底等高的三棱柱体积的 1/3．

切开：_____
旋转：_____

请分析棱锥体积应该如何计算．

以上实验你能够独立完成吗？如有疑问可申请教师帮助，或者与同学互相讨论，发现自己或同学的过人之处，并纠正出现的错误．

【自主探究】

为检测同学们对本节知识的掌握情况，请同学们完成下列题目：

1. 归纳作三棱锥、正四棱锥、正四面体的一般步骤．

2. 假设正四棱锥的高为2，底面边长为4，求这个正四棱锥的表面积和体积．

【任务评价】

（一）实验效果检测（选用前面任一任务探究）

（二）实验课堂学习评价表（或实验报告，大家可根据实际选择使用）

微课链接：https：//pan.baidu.com/s/17p219nDQ5XVN3a1F2erQYg 提取码：y5bs

《棱锥》微课

_____数学实验课堂学习评价表

专业与班级：　　　　　　姓名：　　　　　　日期：　　年　月　日

项目	序号	评价标准	权重	分别评分			分数
				自评 30%	组评 30%	师评 40%	
学习态度	1	能够按照要求提前完成复习、练习等准备工作	10				
	2	上课专注，有较强学习欲望，能积极参与课堂活动	10				
学习方法	3	有较为科学的学习计划；有认真记笔记的习惯	10				
	4	勤学好问；能及时总结方法、规律等经验	10				
	5	能够通过查阅书刊、上网等方式探究所学知识，拓展思路或开阔视野	10				
合作交流	6	能主动表明自己的观点；能认真听取师生的意见，并客观对待	10				
	7	能够独立学习，并愿意与同学合作	10				
学习纪律	8	遵守考勤制度；遵守课堂纪律	10				
学习效果	9	能够掌握所学的概念、方法等重点知识，并能初步应用其解决一些问题	10				
	10	能够理解或了解难点知识，并能用一定的方式表达出来；有继续学习的愿望	10				
总分			100				

定性评价	自评：
	组评：
	师评：

_____ 数学实验报告（学生填写）

实验名称				实验日期	
姓名		性别		学号	
所在专业、班级		指导教师		学生自评（满分100）	

实验过程与感受（实验中的发现，个人在**操作**、**语言**、**动脑**等方面的表现，体验的快乐）

　

实验效果（含学到的知识、操作技能、获得的经验以及有待于提高的方面等）

　

对今后的建议（给自己的、给老师的）

　

温馨提示：勤学和知识是朋友，汗水和技能是伙伴．

数学实验　圆柱（任务单）

【学习目标】

1. 通过数学实验，正确理解圆柱的生成、圆柱的侧面展开图以及圆柱侧面积、表面积、体积的计算．

2. 通过数学实验，进一步体会把空间问题转化为平面问题的化归思想．

【任务准备】

1. 数学相关知识（各自完成，提前在小组内相互检查）．

圆柱的生成及结构特征：_____．

圆柱的侧面展开图形状：_____．

圆柱的侧面积的计算：_____．

圆柱的表面积的计算：_____．

圆柱的体积的计算：_____．

2. 玲珑画板相关知识．

（1）熟悉玲珑画板软件的操作界面．（6.045 版、5.063 版）

（2）能够运用玲珑画板绘制简单的几何图形.

上机练习

用玲珑画板根据圆柱的生成，尝试画出圆柱和圆柱的侧面展开图动画.

完成后，选择菜单"视图"→"透视图"，观看3D透视图，查看所作圆柱及其侧面展开图是否标准.

【任务分析】

1. 用玲珑画板绘制一个圆柱.

2. 用玲珑画板绘制圆柱的侧面展开图动画.

3. 用玲珑画板探究圆柱侧面积、表面积、体积.

【任务实施】

任务探究1

例1　圆柱的绘制

一、绘制一个圆柱

作图步骤：

1. 单击右键，在弹出的快捷菜单中选择"2D网格模式"，即可切换到2D网格.单击工具栏 ＼ 或使用菜单"创建"→"线"→"线段"命令，在屏幕上绘制矩形.然后右击，或单击工具栏的 ▶ 切换到选取状态.

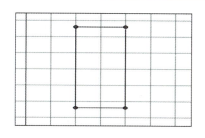

2. 选中某条边，使用"创建"→"生成旋转体"→"设置旋转轴"，单击"确定"按钮.框选中整个图形，右击"生成旋转体"，生成圆柱.

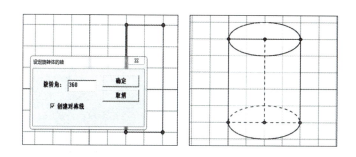

这时你可以选中它，使用"视图"→"透视图"命令，旋转看看效果.

二、圆柱的旋转生成动画

作图步骤：

1. 在圆柱的右侧母线上下两端点处，用左侧工具栏上的画点工具重复创建两个自由点，依次在上下两个底面圆连接圆心和自由点，形成两条与圆半径重合的两条线段.然后用左侧工具栏上的画线工具连接上下两个自由点，重复创建右侧母线线段.

2. 使用画线工具，创建一条变量轴，将变量轴的两个端点选中，使用"编辑"→"隐藏"→"点"命令，隐藏端点，使用左侧工具栏上的画点工具，在变量轴上创建一个变量点，轴呈现绿色时说明点在轴上，可以改变点的颜色．

3. 使用"动画"→"旋转动画"命令，单击刚才的变量点，然后单击对话框中"设定变量"按钮设定变量，单击原本设定的旋转轴，单击对话框中的"设为旋转轴"按钮，选中刚才重复创建的点和线段，单击对话框中的"添加到动画"按钮．关闭对话框，可以拖动变量轴上的变量点，查看效果．

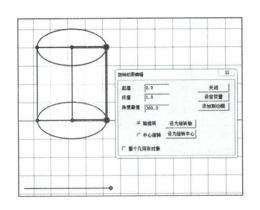

4. 框选圆柱体，使用"编辑"→"投影方式"→"正等测投影"命令，拖动变量轴上的变量点，查看效果．将变量点拖动到旋转过程中的某个位置，选中刚才重复创建的线段和旋转轴线段，右击，出现快捷菜单，选中"创建多边形面"命令．单击"视图"→"自动虚实显示"选中，再选中"视图"→"隐藏网格"命令隐藏网格．单击"创建"→"控制类按钮"→"自动动画按钮"，单击空白处，出现动画按钮，双击左侧颜色条，出现对话框，单击变量轴上的变量点，再

单击对话框中的"添加对象"按钮，将步长值设为三位小数，例如 0.006，单击"确定"按钮关闭对话框．通过单击"动画按钮"，可以开启或关闭圆柱的旋转动画．选中它，使用"视图"→"透视图"命令，旋转，右击看看效果．

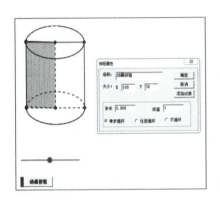
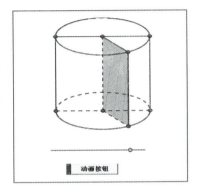

圆柱的旋转生成

归纳：

以矩形的一边所在的直线为旋转轴，将矩形旋转一周形成的曲面所围成的几何体叫作**圆柱**．旋转轴叫作**轴**，在轴上的这条边（或它的长度）叫作**高**，垂直于轴的边旋转而成的圆面叫作**底面**，平行于轴的边旋转而成的曲面叫作**侧面**，无论旋转到什么位置，这条边都叫作**圆柱的母线**．

请同学们尝试绘制图示说明各部分名称，并探究圆柱的性质．

圆柱的性质

任务探究 2

例 2 绘制圆柱的侧面展开图动画（5.063 版）

作图步骤：

1. 画一条变量轴，在轴上画出一个变量点（后面制作动画时使用）.

2. 切换到 3D 网格模式，创建一个 2D 圆，半径为 1.

3. 选中这个圆，复制、粘贴，使用"编辑"→"精确定位"→"定值轴位移"命令，将它向上平移 3 个单位.

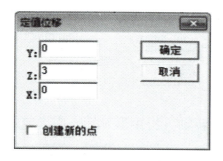 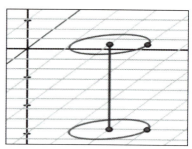

4. 创建圆柱的轴，使用"动画"→"圆弧角动画"命令，创建这两个圆的圆弧角动画. 选中变量轴上的变量点，单击"设定变量"按钮，选中上下两圆单击"添加到动画"按钮，选择旋转方式为"由大到小".

5. 为了剪开的效果从正面剪开，我们把它旋转 90 度. 选中"编辑"→"精确定位"→"任意方式旋转"命令，旋转值 –90 度，选中旋转轴单击"设定旋转轴"按钮，选中两圆和两点，单击"旋转"按钮.

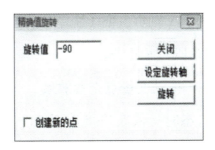

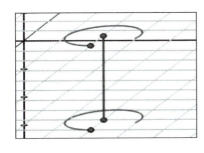
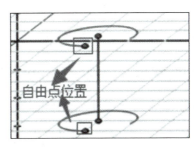

再重合创建两个自由点，让它们绕着旋转轴旋转．使用"动画"→"旋转动画"命令，分别选中"设定变量"和"旋转轴"命令，将创建的两个自由点添加到动画，拖动变量点查看效果．

6. 分别连接上下两个底面圆圆心和自由点之外的点形成底面圆的半径．选中两条弧，使用"创建"→"创建面"→"两弧的面"命令，创建上下两个底面圆中两条弧的面．可以再选中上下两条弧或者两条弧的面，改变两条弧或面的颜色．然后拖动变量点使圆柱闭合．可以在

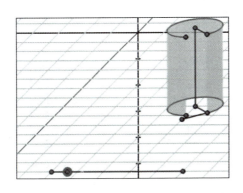

下底面闭合点的左边沿着 y 轴负方向 1 个单位处创建一个自由点. 连接闭合点和自由点形成线段. 使用"动画"→"旋转动画"命令也让它绕着圆柱的旋转轴旋转. 拖动变量点查看效果.

7. 拖动至剪开状态时,依次连接上下两个底面的对应点形成两条母线. 再拖动至闭合状态,在上下两个底面的闭合点处重复创建两个自由点,使用"动画"→"旋转动画"命令让它们也绕着旋转轴旋转. 同时使用"动画"→"位移动画"命令,让这两个自由点沿着底面圆闭合点与左边自由点形成的线段平移,平移值是这个圆的周长 6.28 或者 2π(2*pi). 拖动变量点查看效果. 把刚才的平移轴线段和线段的自由端点隐藏. 从下往上依次选中或者连接圆柱外的两个点和圆柱母线上的两点,右击"创建多边形面". 改变面的颜色和原本圆柱侧面的颜色相同. 顺时针连接外围的三条线段,把外围的四边形上下两条线段颜色改变成和原本的圆柱上下底面圆的圆弧的颜色相同. 拖动变量点查看效果.

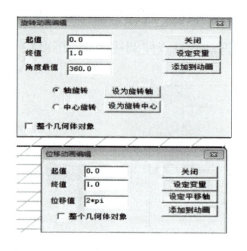
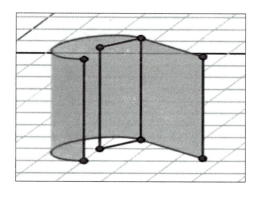

任务探究 3

例 3 探究圆柱侧面积、表面积、体积

思考问题

1. 下面是圆柱及其侧面展开图. 圆柱的侧面展开图是矩形, 这个矩形的长等于圆柱的底面周长 c, 宽等于圆柱的母线长 l, 即高长 h.

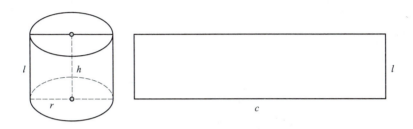

请分析圆柱侧面积、表面积应该如何计算.

2. 根据祖暅原理推导圆柱体积公式. 有一个长方体、一个圆柱和一个棱柱，它们的底面积都等于 s，高都等于 h，它们的下底面都在同一个平面上，因为它们的上底面和下底面平行且高相等，所以它们的上底面都在和下底面平行的同一个平面内，用与底面平行的任意平面去截它们时，所得到的截面面积都等于 s，根据祖暅原理，它们的体积相等，由于长方体的体积等于它的底面积和高的乘积，于是我们得到柱体体积的计算方法.

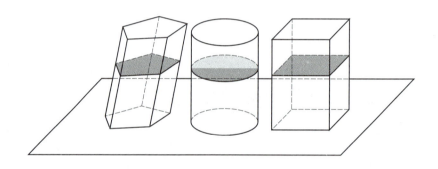

请分析圆柱体积应该如何计算.

以上实验你能够独立完成吗？如有疑问可申请教师帮助，或者与同学互相讨论，发现自己或同学的过人之处，并纠正出现的错误．

【自主探究】

为检测同学们对本节知识的掌握情况，请同学们完成下列题目：

1. 归纳作圆柱的生成图、圆柱的侧面展开图动画的一般步骤．

2. 假设圆柱的底面圆半径为1，圆柱的母线长为2，计算圆柱侧面积、表面积、体积．

【任务评价】

（一）实验效果检测（选用前面任一任务探究）

（二）实验课堂学习评价表（或实验报告，大家可根据实际选择使用）

微课链接：https://pan.baidu.com/s/1GvWYwolUMnewXw3aoUM9Iw 提取码：op80

《圆柱》微课

_____数学实验课堂学习评价表

专业与班级：　　　　　　姓名：　　　　　　日期：　　年　月　日

项目	序号	评价标准	权重	分别评分			分数
				自评 30%	组评 30%	师评 40%	
学习态度	1	能够按照要求提前完成复习、练习等准备工作	10				
	2	上课专注，有较强学习欲望，能积极参与课堂活动	10				
学习方法	3	有较为科学的学习计划；有认真记笔记的习惯	10				
	4	勤学好问；能及时总结方法、规律等经验	10				
	5	能够通过查阅书刊、上网等方式探究所学知识，拓展思路或开阔视野	10				
合作交流	6	能主动表明自己的观点；能认真听取师生的意见，并客观对待	10				
	7	能够独立学习，并愿意与同学合作	10				
学习纪律	8	遵守考勤制度；遵守课堂纪律	10				
学习效果	9	能够掌握所学的概念、方法等重点知识，并能初步应用其解决一些问题	10				
	10	能够理解或了解难点知识，并能用一定的方式表达出来；有继续学习的愿望	10				
总分			100				
定性评价	自评：						
	组评：						
	师评：						

_____数学实验报告（学生填写）

实验名称				实验日期	
姓名		性别		学号	
所在专业、班级		指导教师		学生自评（满分100）	

实验过程与感受（实验中的发现，个人在**操作**、**语言**、**动脑**等方面的表现，体验的快乐）

实验效果（含学到的知识、操作技能、获得的经验以及有待于提高的方面等）

对今后的建议（给自己的、给老师的）

温馨提示：勤学和知识是朋友，汗水和技能是伙伴．

数学实验　圆锥（任务单）

【学习目标】

1. 通过数学实验，正确理解圆锥的生成、圆锥的侧面展开图以及圆锥侧面积、表面积、体积的计算．

2. 通过数学实验，进一步体会把空间问题转化为平面问题的化归思想．

【任务准备】

1. 数学相关知识（各自完成，提前在小组内相互检查）．

圆锥的生成及结构特征：＿＿＿＿＿＿＿＿＿＿＿＿＿＿＿＿＿＿＿＿＿．

圆锥的侧面展开图形状：＿＿＿＿＿＿＿＿＿＿＿＿＿＿＿＿＿＿＿＿＿．

圆锥的侧面积的计算：＿＿＿＿＿＿＿＿＿＿＿＿＿＿＿＿＿＿＿＿＿＿．

圆锥的表面积的计算：＿＿＿＿＿＿＿＿＿＿＿＿＿＿＿＿＿＿＿＿＿＿．

圆锥的体积的计算：＿＿＿＿＿＿＿＿＿＿＿＿＿＿＿＿＿＿＿＿＿＿＿．

2. 玲珑画板相关知识．

（1）熟悉玲珑画板软件的操作界面．（6.045 版）

（2）能够运用玲珑画板绘制简单的几何图形．

上机练习

用玲珑画板根据圆锥的生成，尝试画出圆锥和圆锥的侧面展开图动画．

完成后，选择菜单"视图"→"透视图"，观看 3D 透视图，查看所作圆锥及其侧面展开图是否标准．

【任务分析】

1. 用玲珑画板绘制一个圆锥．

2. 用玲珑画板绘制圆锥的侧面展开图动画．

3. 用玲珑画板探究圆锥侧面积、表面积、体积．

【任务实施】

任务探究 1

例 1 圆锥的绘制

一、绘制一个圆锥

作图步骤：

1. 单击右键从弹出的快捷菜单中选择"2D 网格模式"，即可切换到 2D 网格．单击工具栏 ⬚ 或使用菜单"创建"→"线"→"线段"命令，在屏幕上绘制直角三角形．然后单击右键，或单击工具栏的 ⬚ 切换到选取状态．

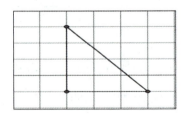

2. 选中某条直角边，使用"创建"→"生成旋转体"→"设置旋转轴"命令，单击"确定"按钮．框选整个图形，右击"生成旋转体"按钮，生成圆锥．

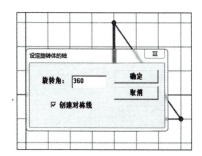
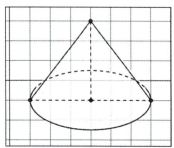

这时你可以选中它，选中"视图"→"透视图"命令，旋转看看效果．

二、圆锥的旋转生成动画

作图步骤：

1. 在圆锥的右侧母线下端点和顶点处，用左侧工具栏上的画点工具重复创建两个自由点，依次连接圆心和母线下端点自由点，形成与圆半径重合的一条线段．然后用左侧工具栏上的画线工具连接两个自由点，重复创建右侧母线线段．

2. 使用画线工具，创建一条变量轴，将变量轴的两个端点选中，使用"编辑"→"隐藏"→"点"命令，隐藏端点，使用左侧工具栏上的画点工具，在变量轴上创建一个变量点，轴呈现绿色时说明点在轴上，可以改变点的颜色．

3. 使用"动画"→"旋转动画"命令，单击刚才的变量点，然后单击对话框中"设定变量"按钮设定变量，单击原本设定的旋转轴，单击对话框中的"设为旋转轴"按钮,选中刚才重复创建的点和线段,单击对话框中的"添加到动画"按钮.关闭对话框,可以拖动变量轴上的变量点,查看效果.

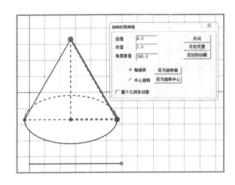

4. 框选圆锥体,使用"编辑"→"投影方式"→"正等测投影"命令,拖动变量轴上的变量点,查看效果.

5. 将变量点拖动到旋转过程中的某个位置,选中刚才重复创建的点、线段、旋转轴线段和圆心,右击,出现快捷菜单,选中"创建多边形面"命令.选中"视图"→"隐藏网格"命令隐藏网格.

6. 使用"创建"→"控制类按钮"→"自动动画按钮"命令,单击空白处,出现动画按钮,双击左侧颜色条,出现对话框,单击变量轴上的变量点,再单击对话框中的"添加对象"按钮,可以将步长值设为三位小数,例如 0.006,单击"确定"按钮,关闭对话框.通过单击"动画"按钮,可以开启或关闭圆锥的旋转动画.

选中它,使用"视图"→"透视图"命令,旋转,右击看看效果.

圆锥的旋转生成

归纳:

以直角三角形的一直角边所在的直线为**旋转轴**,将直

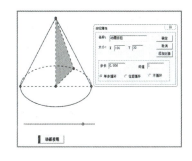 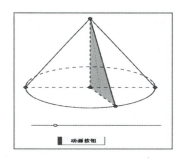

角三角形旋转一周形成的曲面所围成的几何体叫作**圆锥**. 旋转轴叫作**轴**,在轴上的这条边(或它的长度)叫作**高**,垂直于轴的边旋转而成的圆面叫作**底面**,不垂直于轴的边旋转而成的曲面叫作**侧面**,无论旋转到什么位置,这条边都叫作**圆锥的母线**.

圆锥的性质

请同学们尝试绘制图示,说明各部分名称,并探究圆锥的性质.

任务探究 2

例2 绘制圆锥的侧面展开图动画(6.045 版)

作图步骤:

1. 创建 3D 网格,创建一条变量轴,添加变量点 E.

2. 创建圆锥体的一个底面圆,先以 2 为半径,画出它的圆心 O 和圆周上的任意一点 N,重复创建点 O 并选中,使用"编辑"→"精确定位"→"定值位移"命令作出圆锥的高 PO,例如 4 个单位长度,由上往下连接两点,构成圆锥体的高,使用"编辑"→"线属性"→"箭头"命令为这条高添加箭头方向. 在平行于 y 轴的方向,N 点的右侧,加两个自由点 A(水平向右 2 个单位),B(水平向右 3 个单位处),如左下图所示.

如右下图所示，连接 PN，从而作出圆锥的一条母线，选中点 O 和这条母线，使用"创建"→"创建辅助对象"→"点线垂线"命令构建点线垂线 OC，选中 OC 和点 P，使用"创建"→"创建辅助对象"→"平行线"命令过点 P 作 OC 的平行线 PD，为平行线 PD 由里往外创建方向箭头，PO 和 PD 的方向箭头，都是右手螺旋法则中大拇指的方向．

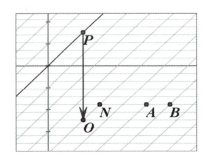 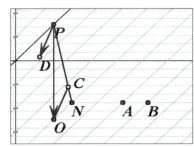

3. 制作点 A 的旋转动画（见左下图）．以变量点 E 作为变量，以 PO 作为旋转轴，作点 A 的旋转动画，因为我们添加的点 A 符合右手螺旋法则，所以它旋转的角度是正值，设为 360°，将点 A 添加到动画，我们就制作了点 A 的旋转动画．

4. 制作点 B 的旋转动画（见右下图）．以变量点 E 作为变量，以 PD 作为旋转轴，旋转的角度需要进行计算，根据作图，半径为 2，高为 4，由勾股定理计算出圆锥的母线长是 $\sqrt{20}$，所以旋转的角度最值计算公式为 $2×2×180/\text{sprt}(20)$，这样就制作了点 B 的旋转动画．

5. 使用"编辑"→"精确定位"→"自选点到点对齐"命令，单击点 N，再单击对话框中的"设为定点"按钮，选中点 A，单击"对齐"按

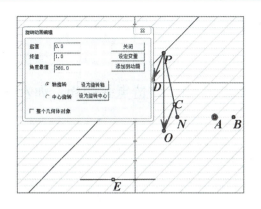
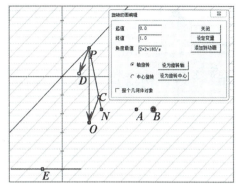

钮，将点 A 对齐过去，再选中点 B，将点 B 对齐过去，关闭对话框. 使用"视图"→"隐藏网格"命令隐藏网格. 拖动变量点观察一下效果.

6. 创建法线圆弧.

移动变量点 E，将点 N 和点 B 分开，选中起点 N、终点 B 和圆心 P 三个点，选中法线 PD，使用"创建"→"圆工具"→"法线圆弧"命令，单击空白处，构造 NB 之间的法线圆弧. 如左下图所示.

如右下图所示，构造点 A 和点 N 之间的圆弧，起点是点 A，终点是点 N，圆心是底面圆圆心 O，法线就是圆锥体的高 PO. 选中三个点和一条法线，创建 NA 之间的法线圆弧.

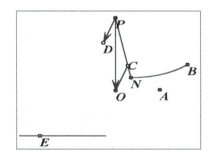
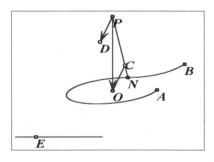

7. 构造圆弧和点弧的面. 构造 PA 和 PB 两条圆弧, 接着构造点弧的面, 选中点 P 和弧 NB, 使用"创建"→"创建面"→"点弧的面"命令, 构造点弧的面, 选中点 P 和弧 NA, 构造点弧的面, 如左下图所示.

可以改变两个面的颜色, 如右下图所示.

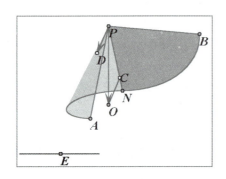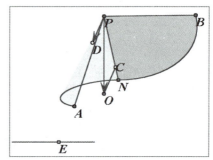

拖动变量点观察一下效果, 圆锥的侧面展开图（抽纸效果）基本完成.

8. 修饰: 使用"创建"→"控制类按钮"→"自动动画按钮"命令, 还可以创建自动动画, 双击动画按钮左侧的蓝色竖条, 设置按钮属性, 步长可以设置为 0.005, 单击变量点 E, 单击"添加到动画"按钮, 关闭对话框; 选中线 PD、OC, 点 C、D 和标签 C、D、P、E, 使用"编辑"→"隐藏"→"隐藏选中"命令隐藏; 还可以创建底面圆, 使用"创建"→"圆"→"圆"命令, 单击点 O 拖动到点 N 创建自由圆; 可以设置底面圆弧线和高线的属性为无箭头和虚线.

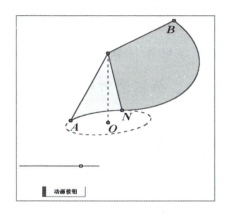
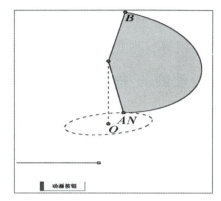

任务探究 3

例 3 探究圆锥侧面积、表面积和体积

思考问题

1. 下面是圆锥及其侧面展开图,圆锥的侧面展开图是扇形,这个扇形的弧长等于圆锥的底面周长,半径等于圆锥的母线长,请分析圆锥侧面积、表面积应该如何计算.

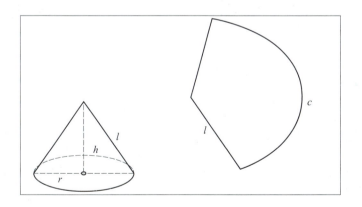

_____

_____

2. 根据祖暅原理，底面积相等，高也相等的两个锥体，它们的体积也相等，根据之前玲珑画板动画《三棱锥体积公式的推导（增加旋转动画）》推导出的棱锥体积公式，分析圆锥体积应该如何计算．

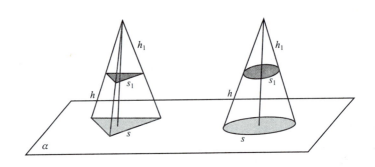

以上实验你能够独立完成吗？如有疑问可申请教师帮助，或者与同学互相讨论，发现自己或同学的过人之处，并纠正出现的错误．

【自主探究】

为检测同学们对本节知识的掌握情况，请同学们完成下列题目．

1. 归纳作圆锥的生成图、圆锥的侧面展开图动画的一般步骤．

2. 假设圆锥的高 h 为 1，圆锥的母线 l 长为 2，计算圆锥侧面积、表面积和体积.

【任务评价】

（一）实验效果检测（选用前面任一任务探究）

（二）实验课堂学习评价表（或实验报告，大家可根据实际选择使用）

微课链接：https://pan.baidu.com/s/1j-36ZJY_5tL1byPY5Im9zQ 提取码：6xi5

《圆锥》微课

_____数学实验课堂学习评价表

专业与班级：　　　　　　姓名：　　　　　　日期：　　年　月　日

项目	序号	评价标准	权重	分别评分			分数
				自评 30%	组评 30%	师评 40%	
学习态度	1	能够按照要求提前完成复习、练习等准备工作	10				
	2	上课专注，有较强学习欲望，能积极参与课堂活动	10				
学习方法	3	有较为科学的学习计划；有认真记笔记的习惯	10				
	4	勤学好问；能及时总结方法、规律等经验	10				
	5	能够通过查阅书刊、上网等方式探究所学知识，拓展思路或开阔视野	10				
合作交流	6	能主动表明自己的观点；能认真听取师生的意见，并客观对待	10				
	7	能够独立学习，并愿意与同学合作	10				
学习纪律	8	遵守考勤制度；遵守课堂纪律	10				
学习效果	9	能够掌握所学的概念、方法等重点知识，并能初步应用其解决一些问题	10				
	10	能够理解或了解难点知识，并能用一定的方式表达出来；有继续学习的愿望	10				
总分			100				
定性评价	自评：						
	组评：						
	师评：						

_____数学实验报告（学生填写）

实验名称				实验日期	
姓名		性别		学号	
所在专业、班级		指导教师		学生自评（满分100）	

实验过程与感受（实验中的发现，个人在**操作、语言、动脑**等方面的表现，体验的快乐）

实验效果（含学到的知识、操作技能、获得的经验以及有待于提高的方面等）

对今后的建议（给自己的、给老师的）

温馨提示：勤学和知识是朋友，汗水和技能是伙伴．

数学实验 球（任务单）

【学习目标】

1. 通过数学实验，正确理解球的两种定义、相关概念以及表面积、体积的计算.

2. 通过数学实验，锻炼空间想象能力、逻辑思维能力和计算能力.

3. 通过数学实验，在自主探究的软件学习中培养学习兴趣，激发想象力和创造力.

【任务准备】

1. 数学相关知识（各自完成，提前在小组内相互检查）.

球面和球体（球）的定义：_____.

球的球心、半径概念：_____.

球的大圆、小圆概念：_____.

两点的球面距离：_____.

球的表面积的计算：_____.

球的体积的计算：_____.

2. 玲珑画板相关知识.

（1）熟悉玲珑画板软件的操作界面.（6.045 版）

（2）能够运用玲珑画板绘制简单的几何图形.

上机练习

用玲珑画板根据球的定义，尝试画出球及平面截球.

完成后，选择菜单"视图"→"透视图"，观看 3D 透视图，查看所作图是否标准.

【任务分析】

1. 用玲珑画板绘制球，探究球的旋转生成定义和球面、球体的集合定义.

2. 用玲珑画板绘制平面去截球，探究大圆、小圆及相关的线长关系.

3. 根据绘图，探究球的表面积、体积.

【任务实施】

任务探究 1

例1　绘制球，探究两种概念（6.045 版）

一、绘制球体

1. 首先我们创建一个 2D 网格，使用"创建"→"圆"→"圆弧"命令，以 2D 网格的中心点作为圆心，单击这个圆心，往正上方拖动至 3 个单位长度处单击后按住左键不松开，逆时针转动至圆心正下方 3 个单位长度处再单击，画出半径为 3 个单位长度的圆弧.

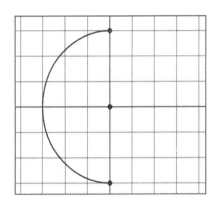

2. 框选整个半圆，使用"创建"→"等分点"→"N等分点"命令，将整个半圆6等分，删除掉最下方的等分点，框选整个半圆，右击出现快捷菜单，单击"生成旋转体"命令，生成一个有5条纬线的球体．分别框选左半侧和右半侧的等分点，按Alt+P键删除掉．

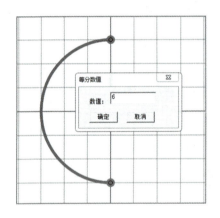
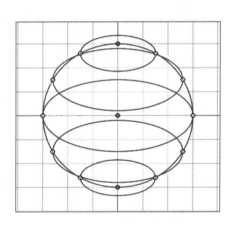

3. 画经线．先隐藏由最初的半圆生成的圆，使用"创建"→"圆"→"圆"命令，以球心为圆心，为三点添加标签，以圆心 O 到北极点 A 的距离为半径，创建一个自由圆，然后用Ctrl+C键复制，用Ctrl+V键粘贴5次．连接 OA，以 OA 为旋转轴，使用"编辑"→"精确

定位"→"自选方向旋转"命令,依次选中复制的五个圆,分别逆时针旋转30度,60度,90度,120度,150度,注意单击空白消除原有的选中对象.这样经线也制作结束.

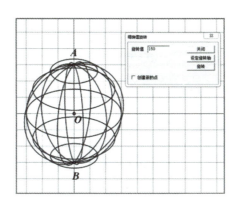

4. 框选整个球体,右击出现快捷菜单,选中"合成组件"命令,使用"编辑"→"投影方式"→"平行正面投影"命令,得到如下的效果图.

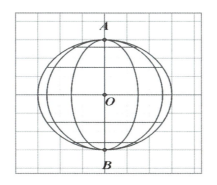

5. 右击出现快捷菜单,选中"显示操作轴"命令,单击按住上圈,将球体稍微向左旋转,然后再单击按住右圈,稍微向下旋转,使用"视图"→"自动虚实显示"命令,得到如下的球体效果图.

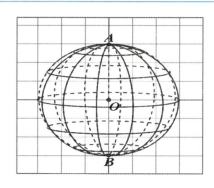

二、归纳球的第一种概念（生成概念）

球面可以看作一个半圆绕着它的直径所在直线旋转一周所形成的曲面．球面围成的几何体，叫作**球体**，简称为**球**．形成球的半圆的圆心叫作**球心**，连接球面上一点和球心的线段叫作**球的半径**，连接球面上两点且通过球心的线段叫作**球的直径**，一个球常用其球心对应的字母来**表示**，例如球 O．

请说明下图各部分名称（球心、半径、直径）．

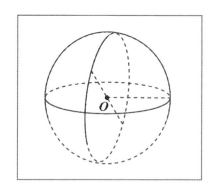

球的旋转生成

三、测量验证，归纳球的第二种概念（集合概念）

1. 测量验证：

使用左侧工具栏上的画点工具，在球面上任意选取 D、E、F 三点，使用左侧工具栏上的画线工具，依次连接 OD、OE、OF、AB，使用左侧工具栏上的画点工具，在 OD、OE、OF、AB 上任取点 D'、E'、F'、B'，使用左侧工具栏上的画线工具，依次连接 OD'、OE'、OF'、OB'，依次选中这 3 条半径线段和直径线段以及 OD'、OE'、OF'、OB'，选中"测量"→"线长度"命令，可以测得 3 条半径的长度相等，而且长为直径 AB 长度的一半，OD'、OE'、OF'、OB' 长度小于半径的长度. 拖动点 A 或点 B 可以将球体放大或缩小，球的半径随之作相等的变化.（保留的小数位数多时允许有误差）

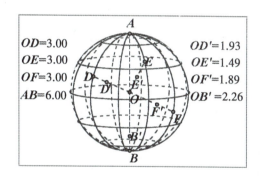
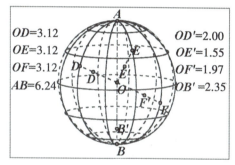

2. 归纳球的第二种概念（集合概念）：

球面也可以看作空间中与定点距离等于定长的点的集合，同样球体也可以看作空间中与定点距离小于或等于定长的点的集合.

任务探究 2

例 2 用玲珑画板绘制平面截球（6.045 版）

1. 将视图切换到 3D 网格模式，使用"创建"→"正多边形"→"正方形"命令，创建一个平行于 xOy 平面的平面 α，可以选中左侧点，添加标签后，双击修改标签内容为 α. 框选平面 α，使用

"创建"→"中心点"→"添加自由中心点"命令，为自由中心点添加标签为 A，框选平面 α 和点 A，右击，使用快捷菜单中的"合成组件"命令，合成组件.

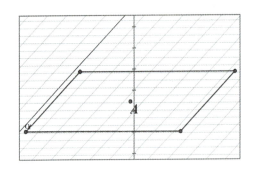

2. 将视图切换到 2D 网格模式，以 2D 网格的中心点作为圆心，使用"创建"→"圆"→"圆弧"命令，画出半径为 3 个单位长度的圆弧. 然后选中圆弧上圆心正下方的点，使用"编辑"→"精确定位"→"定值位移"命令，设置 z 轴方向数值 1.5，将点沿 z 轴方向上移 1.5 个单位，使用"编辑"→"精确定位"→"自选点到点对齐"命令，出现"对齐到定点"对话框，将移动后的点设置为定点，选中点 A，单击"对齐"按钮，将平面 α 沿 z 轴方向上移 1.5 个单位，关闭对话框. 效果如下：

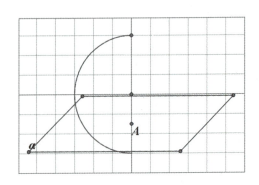

3. 选中点 A 和左边线段，使用"创建"→"创建辅助对象"→"点线垂线"命令，使用左侧工具栏上的"画点工具"创建圆弧和此垂线交点，两条线同时都变色时的位置为交点位置，选中圆弧和交点，右击，使用快捷菜单中的"生成旋转体"命令，生成球体和截面圆。此圆圆心和球心不重合，是小圆。

4. 单击"视图"→"自动虚实显示"和"隐藏网格"命令。右击，使用快捷菜单中的"显示操作轴"命令，框选整个球体和面，用右侧圈调整图形显示效果。拖动平面 α 的某边端点，可以改变平面 α 的大小。调整选中垂线线段和除球心、小圆圆心之外的点，使用"编辑"→"隐藏"→"隐藏选中"命令隐藏。将小圆圆心修改标签为 O'，球心设置为 O，在小圆圆周上取一点 P，连接 $O'O$，OP，$O'P$，形成一个三角形 $OO'P$。单击左侧"文本工具"，依次单击两条直角边处，分别添加 R 和 r，令 $OP=R$，$O'P=r$。

分别选中对象，使用"创建"→"创建面"→"扇形面（多边形面）"命令试着改变一下小圆和截面的颜色。也可以试着改变点 P 位置，看不同的效果。

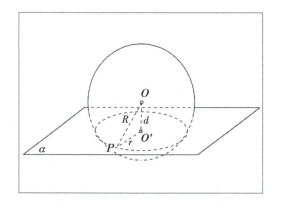

平面截球

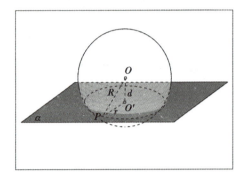 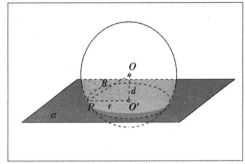

5. 选中 OO' 和 $O'P$，使用"测量"→"角（180）"命令，可以测得 OO' 垂直于 OP，三角形 $OO'P$ 是直角三角形．看一下透视图效果．

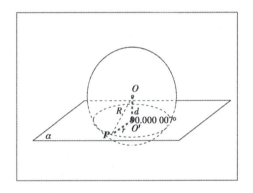 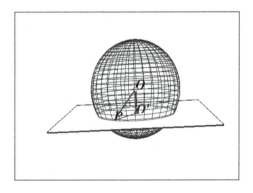

6. 若将视图切换到2D网格模式，以2D网格的中心点作为圆心，使用"创建"→"圆"→"圆弧"命令，画出半径为3个单位长度的圆弧．使用"编辑"→"精确定位"→"自选点到点对齐"命令，出现"对齐到定点"对话框，将圆弧圆心设置为定点，选中点 A，单击"对齐"按钮，将平面 α 沿 z 轴方向上移3个单位，关闭对话框．选中点 A 和左边线段，使用"创建"→"创建辅助对象"→"点线垂线"命令，使用左侧工具栏上的"画点工具"创建圆弧和此垂线交点，两

条线同时都变色时的位置为交点位置，选中圆弧和交点，右击，使用快捷菜单中的"生成旋转体"命令，生成球体和截面圆．此圆圆心和球心重合，是大圆．

7. 选中"视图"→"自动虚实显示"和"隐藏网格"命令．右击，使用快捷菜单中的"显示操作轴"命令，然后大家用操作轴试着调整一下视图，框选整个球体和面，用右侧圈调整图形显示效果．拖动平面 α 的某边端点，可以改变平面 α 的大小．选中球体的各元素合为组件后，按住操作轴中心点缩放球体和大圆的大小．调整选中垂线线段和除球心小圆圆心之外的点，使用"编辑"→"隐藏"→"隐藏选中"命令隐藏．效果图如下：

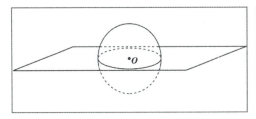

归纳：一个平面截一个球面所得的交线是以 O' 为圆心，以 r 为半径的一个圆，截面是一个圆面（圆及其内部）．球面被经过球心的平面截得的圆叫作**球的大圆**，被不经过球心的平面截得的圆叫作**球的小圆**．连接球心和小圆圆心所得到的线段，与球的半径、小圆半径构成一个直角三角形．

任务探究 3

例 3 探究球的表面积、体积

（一）球的表面积

下面是球体图，假设球的半径为 4. 请计算球的表面积．

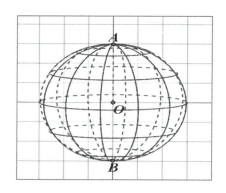

（二）球的体积

请观看玲珑画板动画——用祖暅原理进行的《球体积公式的推导》

问题：底面半径和高都为 R 的圆锥和圆柱，在圆柱中除去圆锥，取出半径为 R 的半球和新的几何体作它们的截面，观察思考．

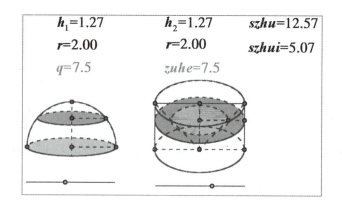

球体积公式
的推导

注：$szhu$ 表示圆柱的截面面积；$szhui$ 表示圆锥的截面面积；$zuhe$ 表示圆柱中除去圆锥的组合体的截面面积．

结论：截面面积相等．

请分析球体积应该如何计算．

归纳：

球体积公式的推导： $\frac{1}{2} V_{球} = \pi R^2 \cdot R - \frac{1}{3} \pi R^2 \cdot R = \frac{2}{3} \pi R^3$．

球体积公式： $V_{球} = \frac{4}{3} \pi R^3$．

以上实验你能够独立完成吗？如有疑问可申请教师帮助，或者与同学互相讨论，发现自己或同学的过人之处，并纠正出现的错误．

【自主探究】

为检测同学们对本节知识的掌握情况，请同学们完成下列题目．

1. 归纳作球、平面截球的一般步骤．

2. 假设球的半径为 3，求这个球的表面积和体积．

【任务评价】

（一）实验效果检测（选用前面任一任务探究）

（二）实验课堂学习评价表（或实验报告，大家可根据实际选择使用）

微课链接：https://pan.baidu.com/s/1iVRkAqIva1SU0N0xJeKONA 提取码：1g6a

_____数学实验课堂学习评价表

专业与班级：　　　　　　姓名：　　　　　日期：　　年　月　日

项目	序号	评价标准	权重	分别评分			分数
				自评 30%	组评 30%	师评 40%	
学习态度	1	能够按照要求提前完成复习、练习等准备工作	10				
	2	上课专注，有较强学习欲望，能积极参与课堂活动	10				
学习方法	3	有较为科学的学习计划；有认真记笔记的习惯	10				
	4	勤学好问；能及时总结方法、规律等经验	10				
	5	能够通过查阅书刊、上网等方式探究所学知识，拓展思路或开阔视野	10				
合作交流	6	能主动表明自己的观点；能认真听取师生的意见，并客观对待	10				
	7	能够独立学习，并愿意与同学合作	10				
学习纪律	8	遵守考勤制度；遵守课堂纪律	10				
学习效果	9	能够掌握所学的概念、方法等重点知识，并能初步应用其解决一些问题	10				
	10	能够理解或了解难点知识，并能用一定的方式表达出来；有继续学习的愿望	10				
总分			100				
定性评价	自评：						
	组评：						
	师评：						

_____数学实验报告（学生填写）

实验名称				实验日期	
姓名		性别		学号	
所在专业、班级		指导教师		学生自评（满分100）	

实验过程与感受（实验中的发现，个人在**操作**、**语言**、**动脑**等方面的表现，体验的快乐）

实验效果（含学到的知识、操作技能、获得的经验以及有待于提高的方面等）

对今后的建议（给自己的、给老师的）

温馨提示：勤学和知识是朋友，汗水和技能是伙伴.

数学实验 平面的基本性质
（任务单）

【学习目标】

1. 通过数学实验，正确理解平面的表示方法、画法、平面的基本性质．

2. 通过数学实验，锻炼空间想象能力和绘图能力．

3. 通过数学实验，在自主探究的软件学习中培养学习兴趣，激发想象力和创造力．

【任务准备】

1. 数学相关知识（各自完成，提前在小组内相互检查）．

平面的表示方法：_____．

平面的画法：（1）_____；

（2）_____．

平面的基本性质：（1）_____；

（2）_____；

（3）_____．

2. 玲珑画板相关知识.

（1）熟悉玲珑画板软件的操作界面.（5.063 版）

（2）能够运用玲珑画板绘制简单的几何图形.

上机练习

用玲珑画板根据平面的画法及基本性质，尝试画出水平放置和正对竖直放置的平面、基本性质图示.

完成后，选择菜单"视图"→"透视图"，观看 3D 透视图，查看所作图是否标准.

【任务分析】

1. 用玲珑画板绘制水平放置和正对竖直放置的平面.

2. 用玲珑画板绘制图示平面的基本性质 1.

3. 用玲珑画板绘制图示平面的基本性质 2.

4. 用玲珑画板绘制图示平面的基本性质 3 及 3 个推论.

【任务实施】

任务探究 1

例 1 绘制一个水平放置和正对竖直放置的平面（5.063 版）

（一）绘制一个水平放置的平面作图步骤

1. 切换到 2D 网格模式，在"设置"菜单中，选中"网格吸附"命令，单击左侧工具栏上的"画线"工具或者使用"创建"→"线"→"线段"命令，绘制一条长度为 4 个单位的线段 AB，选中线段两端点，单击右键选中"添加标签"命令或者使用"编辑"→"显示"→"添加标签"命令，为线段端点添加标签．

2. 如左下图所示，以点 A 所在的 2D 网格中的小正方形的对角线创建一条线段作为位移轴并选中它，

使用"编辑"→"精确定位"→"任意方向位移"命令，在对话框中设置"位移值"为 2，单击"设定平移轴"按钮，然后单击空白处，单击左侧"画点"工具，或者使用"创建"→"点"命令，将光标移至点 A 位置处出现绿色光圈时单击，这样就重复创建了点 A，选中，单击"平移"按钮，如右下图所示．

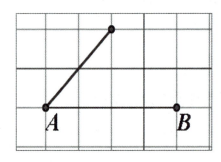 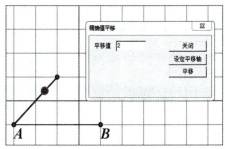

3. 关闭对话框，为移动后的点添加标签，双击修改为 D．使用画线工具创建一条 2 个单位长度的线段．可以使用测量菜单下的"线长度"命令和"向量角"命令进行测量，选中 AB 线段，单击"测量"→"线长度"命令，单击空白处，测得长度为 4，同样可以测得 AD 线段长度为 2．依次单击 AB、AD 线段，使用"测量"→"向量角"命令，可以测得 ∠DAB 为 45°．依次单击选中刚才创建的位移轴及其右端点，使

用"编辑"→"隐藏"→"隐藏选中"命令,将其隐藏.如左下图所示.

4. 选中点 B 和 AD 线段,使用"创建"→"平行线"命令创建 BP 线段,双击点 P,修改标签为 C,连接 CD,这样我们就构建了一个水平放置的平面 ABCD. 可以使用文本工具,为平面添加标签 α,使用百度输入法或者 QQ 拼音输入法,中文状态下输入阿尔法就可以找到相应的符号.如右下图所示.

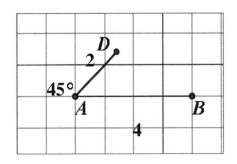
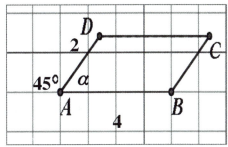

(二)绘制一个正对竖直放置的平面作图步骤

1. 日常绘制静态图,在 2D 网格模式下,绘制一个矩形,就可以创建一个正对我们竖直放置的平面.

可以使用文本工具用百度输入法为平面添加标签 β,也可以对某一个顶点添加标签之后双击修改为 β. 如左下图所示.

2. 3D 网格下,可以用画线工具先绘制一条线段,作为矩形的长,如右下图所示,仍然可以绘制成 4 个单位长度,使用画点工具重复创建线段的两个端点并选中,使用"编辑"→"精确定位"→"定值轴位移"命令,z 轴方向上设为 2,单击"确定"按钮,使用画线工具分别连接两端点以及重复创建的两点,形成矩形.可以添加标签为 γ,在 3D 网格下正对我们竖直放置的是 yOz 平面,在空间中是无限延展的,γ 平面就是画出其一部分来表示.

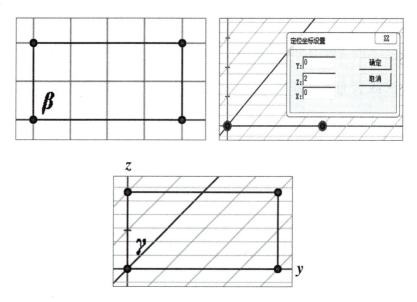

(三)归纳

1. 和画直线的一部分来表示直线一样,我们也可以画平面的一部分来表示平面.

2. 通常用一个平行四边形表示平面,并用小写的希腊字母 α、β、γ 来表示不同的平面,也可以用平行四边形的四个顶点的字母或两个相对顶点的字母来命名,例如,上面的平面 α 也可以记作平面 ABCD,平面 AC 或平面 BD.

3. 当平面水平放置的时候,通常把平行四边形的锐角画成 45°,横边画成邻边的两倍长.当平面正对我们竖直放置的时候,通常把平面画成矩形.

任务探究 2

例 2 用玲珑画板绘制图示平面的基本性质 1（5.063 版）

1. 作图步骤：

在 3D 网格下，使用左侧工具栏上的画线工具，绘制一个 xOy 平面内的平行四边形，就可以表示一个平面，为其添加标签 α，在平行四边形内部，使用画点工具绘制两个点 A、B，然后使用画线工具连接两点，画出两点确定的直线 l. 如左下图所示. 可以选中四条线段和四个顶点，使用右键菜单的"合成组件"与"创建多边形面"命令，在玲珑画板中创建面，并且为平面添加颜色，选中平面的四个顶点，使用"编辑"→"隐藏"→"点"命令将点隐藏. 如右下图所示.

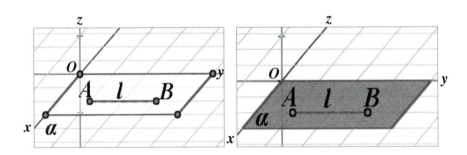

框选整个图形，使用"视图"→"透视图"命令，查看一下效果.

2. 归纳：

（1）平面的基本性质 1：如果直线 l 上的两个点都在平面 α 内，那么直线 l 上的所有点都在平面 α 内. 请用符号表示一下：＿＿＿＿＿＿

＿＿＿＿＿＿＿＿＿＿＿＿＿＿＿＿＿＿＿＿＿＿＿＿＿＿＿．

（2）定义及记法：此时称直线 l 在平面 α 内或平面 α 经过直线 l，记作 $l \subset \alpha$．

（3）**画法**：画直线 l 在平面 α 内的图形表示时，要将直线画在平行四边形的内部．

任务探究 3

例 3 用玲珑画板绘制图示平面的基本性质 2（5.063 版）

（一）作图步骤

1. 在 3D 网格模式下，使用画线工具，绘制一个 xOy 平面内的平行四边形，框选整个图形，使用右键菜单的"合成组件"与"创建多边形面"命令，为面添加标签为 α．

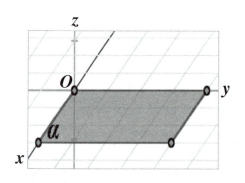

2. 选中 y 轴方向上的两条水平边，使用"创建"→"等分点"→"中点"命令，单击空白处，创建两条边的中点，选中中点标签删除，使用画线工具从外往内连接两点，使用画点工具，依次单击四个顶点重复创建四个点，使用"编辑"→"精确定位"→"任意方向旋转"命令，设置"精确值旋转"对话框中的旋转值为 60，选中中点线段，单击"设定旋转轴"按钮，单击空白处消除选中，然后选中重复创建的四个点，单击"旋转"按钮，关闭对话框．使用画线工具顺次连接四个变动位置后的点，选择四个点及刚形成的四条线段，使

用右键菜单的"合成组件"与"创建多边形面"命令,为面添加标签为 β.

选中"视图"→"自动虚实显示"命令可调整图的虚实显示.

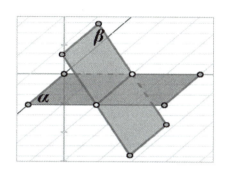

3. 单击文本工具,移动光标至中线线段位置处,单击命名为 l. 选中命名的标签,可以使用字体工具调整字体. 单击画点工具,选中 l 上的一点,添加标签为 A,选中两个面的顶点及两个中点,将点隐藏. 可以选中两个面,使用"编辑"→"面属性"→"背景色显示"命令,得到以下图示.

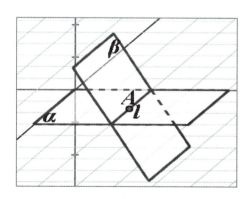

（二）请观看《平面的基本性质二穿透实验》玲珑动画（5.063 版软件自带）

思考归纳，两个平面有一个公共点时，是否一定还能够找到其他的公共点？位置怎样？

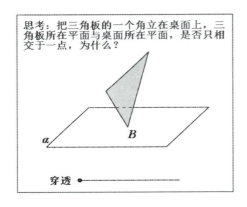

平面的基本性质二穿透实验

（三）归纳

（1）平面的基本性质 2：如果两个平面有一个公共点，那么它们一定还有其他公共点，并且所有公共点的集合是过这个点的一条直线.

请用符号表示一下：_____.

（2）定义及记法：此时称这两个平面相交，记作 $\alpha \cap \beta = l$.

（3）画法：画两个平面相交的图形时，一定要画出它们的交线，图形中被遮住部分的线段要画成虚线或者不画.

任务探究 4

例 4　用玲珑画板绘制图示平面的基本性质 3 及三个推论（5.063 版）

（一）作图步骤

1. 在 3D 网格模式下，使用画线工具，绘制一个 xOy 平面内的平行四边形，框选整个图形，使用右键菜单的"合成组件"与"创建多边形面"命令，为面添加标签为 α.

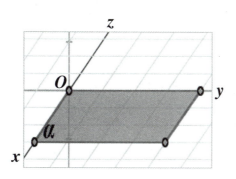

2. 框选整个图形，按住 Ctrl+C 键复制，然后按住 Ctrl+V 键粘贴 3 次，可以逐一将 3 个平面移开，在第一个平面内，我们可以用画点工具，绘制三个点，添加标签 A、B、C；在第二个平面内，可以用画点工具画点 A，用画线工具画出直线 l；在第三个平面内可以画出两条相交直线，添加标签为 l_1、l_2；在第四个平面内可以绘制两条平行直线 l_1、l_2，注意为直线标签添加下标时，使用"编辑"→"添加标签下标"命令，然后可以双击修改下标．可以选中标签适当移动位置．框选所有图形，使用"编辑"→"选中几何体对象"→"点"命令选中四个平面的顶点，然后单击选中直线的端点，隐藏点．

可以选中四个面，使用"编辑"→"面属性"→"背景色显示"命令，得到以下图示．

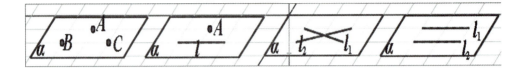

（二）归纳

平面的基本性质 3：不在同一条直线上的三个点，可以确定一个平面．

推论 1：直线与这条直线外的一点可以确定一个平面．

推论 2：两条相交直线可以确定一个平面．

推论 3：两条平行直线可以确定一个平面．

请思考，"确定一个平面"表示的含义是什么？是存在一个平面并且只有一个平面吗？

以上实验你能够独立完成吗？如有疑问可申请教师帮助，或者与同学互相讨论，发现自己或同学的过人之处，并纠正出现的错误．

【自主探究】

为检测同学们对本节知识的掌握情况，请同学们完成下列题目．

1. 归纳作平面及平面的基本性质图示的一般步骤．

2. 在长方体 $ABCD$—$A_1B_1C_1D_1$ 中，画出由 A、C、D_1 三点所确定的平面 γ 与长方体的表面的交线．

【任务评价】

（一）实验效果检测（选用前面任一任务探究）

（二）实验课堂学习评价表（或实验报告，大家可根据实际选择使用）

认识空间中
的平面

_____数学实验课堂学习评价表

专业与班级：　　　　　　姓名：　　　　　　日期：　　年　月　日

项目	序号	评价标准	权重	分别评分			分数
				自评 30%	组评 30%	师评 40%	
学习态度	1	能够按照要求提前完成复习、练习等准备工作	10				
	2	上课专注，有较强学习欲望，能积极参与课堂活动	10				
学习方法	3	有较为科学的学习计划；有认真记笔记的习惯	10				
	4	勤学好问；能及时总结方法、规律等经验	10				
	5	能够通过查阅书刊、上网等方式探究所学知识，拓展思路或开阔视野	10				
合作交流	6	能主动表明自己的观点；能认真听取师生的意见，并客观对待	10				
	7	能够独立学习，并愿意与同学合作	10				
学习纪律	8	遵守考勤制度；遵守课堂纪律	10				
学习效果	9	能够掌握所学的概念、方法等重点知识，并能初步应用其解决一些问题	10				
	10	能够理解或了解难点知识，并能用一定的方式表达出来；有继续学习的愿望	10				
总分			100				

定性评价	自评：
	组评：
	师评：

_____数学实验报告（学生填写）

实验名称				实验日期	
姓名		性别		学号	
所在专业、班级		指导教师		学生自评（满分100）	

实验过程与感受（实验中的发现，个人在**操作、语言、动脑**等方面的表现，体验的快乐）

实验效果（含学到的知识、操作技能、获得的经验以及有待于提高的方面等）

对今后的建议（给自己的、给老师的）

温馨提示：勤学和知识是朋友，汗水和技能是伙伴.

数学实验 直线、线面、面面平行的判定与性质（任务单）

【学习目标】

1. 通过数学实验，正确理解线线、线面、面面的位置关系，以及线线、线面、面面平行的判定与性质．

2. 通过数学实验，锻炼空间想象能力、绘图能力、逻辑推理能力．

3. 通过数学实验，在自主探究的软件学习中培养学习兴趣，激发想象力和创造力．

【任务准备】

1. 数学相关知识（各自完成，提前在小组内相互检查）．

线线位置关系：_____．

线面位置关系：_____．

面面位置关系：_____．

线线平行的判定与性质：（1）判定 _____；

（2）性质 _____

线面平行的判定与性质：（1）判定 _____；

（2）性质 _____.

面面平行的判定与性质：（1）判定 _____；

（2）性质 _____.

2. 玲珑画板相关知识（5.063 版）.

（1）熟悉玲珑画板软件的操作界面.

（2）能够运用玲珑画板绘制简单的几何图形.

上机练习

用玲珑画板根据线线、线面、面面的位置关系，以及线线、线面、面面平行的判定与性质，尝试画出图示.

完成后，选择菜单"视图"→"透视图"，观看3D透视图，查看所作图是否标准.

【任务分析】

1. 用玲珑画板绘制图示线线、线面、面面的位置关系.

2. 用玲珑画板绘制图示线线平行的判定与性质.

3. 用玲珑画板绘制图示线面平行的判定与性质.

4. 用玲珑画板绘制图示面面平行的判定与性质.

【任务实施】

任务探究1

例1 用玲珑画板绘制图示线线、线面、面面的位置关系（5.063 版）.

（一）线线位置关系

1. 作图步骤：

（1）共面直线包括线线平行和线线相交两种情形的绘制：可以在 2D 网格模式下，用画线工具按照水平网格就可以绘制两条平行直线 a、b，依照水平网格组成的矩形的对角线，就可以绘制两条相交直线 a、b，可以选择两条直线的相应端点添加、修改直线的标签．选中两条相交直线，使用创建线线交点命令，可以创建交点 P．选中两条平行直线和相交直线的端点，使用"编辑"→"隐藏"→"点"命令隐藏．选中四条线段，使用粗线工具和细线工具或者"编辑"→"线属性"→"粗线或细线"命令，调整粗细．

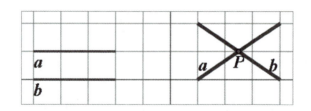

（2）异面直线的绘制：

①异面直线一种图示的绘制：在 3D 网格模式下，使用画线工具绘制一个 xOy 平面内的平行四边形，在内部绘制一条直线 a，在四边形内部直线 a 外，使用画点工具画一点 A，在点 A 上重复创建一点并选中，使用"编辑"→"精确定位"→"定值轴位移"命令，在"定位坐标设置"对话框中，z 轴方向上设置为 2，y 轴方向上设置为 -1，单击"确定"按钮，将重复创建的点移动到点 B 位置，使用"创建"→"线"→"射线"命令，创建射线 BA，使用画点工具在射线呈

现绿色时取射线 BA 上一点 C，使用画线工具连接 BC，选中"射线隐藏"，选中平行四边形的四个顶点和四条边，单击右键，在弹出的快捷菜单中，选中"合成组件"和"创建多边形面"命令，创建面，选中其一顶点添加修改标签为 α，选中面，编辑面属性为背景色显示，双击 B 点标签，将线段 BC 修改标签为 b，选择 A 点和 C 点标签，隐藏选中，再选中平行四边形四个顶点和两条直线上的点，隐藏点.

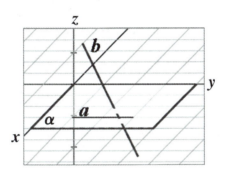

②异面直线另外一种图示的绘制：在 3D 网格模式下，使用"创建"→"正多边形"→"正方形"命令创建一个 xOy 平面上的面 ABCD，框选整个图形，合成组件并创建多边形面，选中面，编辑面属性为背景色显示，修改 B 点标签为 α，删除标签 C，重复创建 AD 两点并选中，使用"编辑"→"精确定位"→"定值轴位移"命令，在"定位坐标设置"对话框中，z 轴方向上设置为 2，y 轴方向上设置为 -1，单击"确定"按钮，将重复创建的点移动位置至 EF，连接 EA、FD、EF 并选中，再选中 A、D、E、F 四点以及 AD，合成组件并创建多边形面，选中面，编辑面属性为背景色显示，修改 E 点标签为 β.

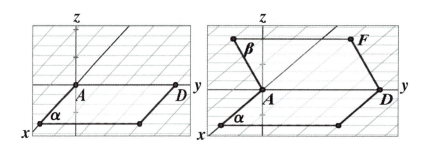

在 AD 上选 G、H 两点，使用画线工具过点 G 在平面 α 内作一条直线，可以双击 G 点标签修改为 a，重复创建点 H，使用"编辑"→"精确定位"→"定值轴位移"命令，在"定位坐标设置"对话框中，z 轴方向上设置为 1，y 轴方向上设置为 –1，单击确定按钮，将重复创建的点移动位置至 I，连接 HI，可以双击 I 点标签修改为 b，先选中标签 A、D、F、H，隐藏选中，选中所有的点隐藏．

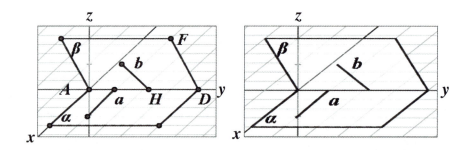

2. 请用符号语言表示线线位置关系：_____．

注意：经过平面内一点与平面外一点的直线，和这个平面内不经过该点的直线是异面直线．

（二）线面位置关系

1. 作图步骤：

（1）线在面内的绘制：在 3D 网格模式下，使用画线工具绘制或者使用"创建"→"正多边形"→"正方形"命令创建一个 xOy 平面内的平行四边形,框选整个图形,合成组件并创建多边形面,选中面,编辑面属性为背景色显示,为其添加修改标签为 α ,在内部绘制一条直线 l .选中所有的点隐藏.选中"视图菜单隐藏网格"选项,隐藏网格.

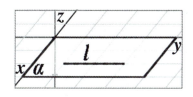 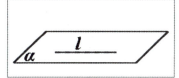

(2)线面平行的绘制:可以将上面的图形框选,按住 Ctrl+C 键复制,Ctrl+V 键粘贴,将图形移开,切换到3D网格模式,使用"编辑"→"显示"→"所有"命令,显示所有的点,选中其中一个平面内的线段及两端点,使用"编辑"→"精确定位"→"定值轴位移"命令,在"定位坐标设置"对话框中,z 轴方向上设置为2,单击"确定"按钮,直线 l 移动位置至平面上方,选中所有的点隐藏,隐藏网格.

(3)线面相交的绘制:可以将之前的线在面内的图形再次框选,按住 Ctrl+C 键复制,Ctrl+V 键粘贴,将图形移开.将要留存的线在面内的图形隐藏点,和前面线面平行的图形,分别合成组件,便于移动位置.

将要绘制线面相交的图形移到图中央,删除 l 标签.选中"创建"→"变换"→"旋转"命令,在"旋转变换"对话框中,设置旋转角度为120°，使用画点工具在直线上选一点 A 作为旋转中心，选中表示直线的线段的两端点，单击对话框中的"添加变换"按钮，单击空白处，会出现两个黄色的点，使用画线工具连接两点．为新生成的直线添加标签 l．关闭对话框．选中平面的顶点和直线的端点，隐藏，再选中面内直线，隐藏．这样就可以将三种位置关系画在同一个文件的同一页了，选中图形，查看一下透视图效果．

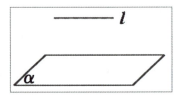 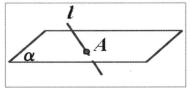

2. 请用符号语言表示线面位置关系：_____．

注意：直线与平面相交及直线与平面平行，统称为**直线在平面外**．

（三）面面位置关系

1. 作图步骤：

（1）面面平行的绘制：在 3D 网格模式下，使用画线工具绘制或者使用"创建"—"正多边形"—"正方形"命令创建一个 xOy 平面内的平行四边形，框选整个图形，合成组件并创建多边形面，选中面，编辑面属性为背景色显示，按住 Ctrl+C 键复制，Ctrl+V 键粘贴，使用"编辑"→"精确定位"→"定值轴位移"命令，在"定位坐标设置"对话框中，z 轴方向上设置为2，单击"确定"按钮，复制的平面移动位置至原平面上方，为两个平面分别添加标签 α 和 β，选中所有的点隐藏，隐藏网格．如左下图所示．

（2）面面相交的绘制：在3D网格模式下，仍然先创建一个xOy平面内的面，选中平行于y轴的两条边，使用"创建"→"等分点"→"中点"命令创建中点，单击画线工具从外向内连接两点构成线段并选中，使用"编辑"→"精确定位"→"任意方向旋转"命令，在"精确值旋转"对话框中设置旋转值为60，然后单击"设定旋转轴"按钮，单击空白处，使用画点工具重复创建平行四边形的四个顶点并选中，单击"旋转"按钮，关闭对话框，使用画线工具依次连接变动位置后的点形成平行四边形，选择四个点及刚形成的四条线段，合成组件并创建多边形面．选中面，编辑面属性为背景色显示．为两个面分别添加修改标签为α、β．为交线添加标签为a．删除除α、β和a以外的标签，隐藏所有的点，隐藏网格．

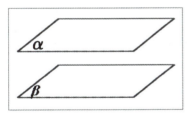 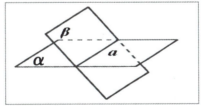

2. 请用符号语言表示面面位置关系：_____．

直线与直线的
位置关系

直线与平面的
位置关系

平面与平面的
位置关系

任务探究 2

例 2 用玲珑画板绘制图示线线平行的判定与性质（5.063 版）

（一）空间平行线的传递性（平行公理）

1. 图示：

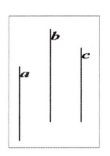

2. 归纳：

公理：平行于同一条直线的两条直线互相平行.

上述基本性质通常又叫作**空间平行线的传递性**.

请用符号语言表示一下：_____.

（二）等角定理

使用画点工具画出角的顶点，用画线工具从顶点出发，画出两条边，框选整个图形，按住 Ctrl+C 键复制，Ctrl+V 键粘贴，使用"编辑"→"精确定位"→"定值轴位移"命令，在"定位坐标设置"对话框中，z 轴方向上设置为 2，单击"确定"按钮，复制的角移动位置至上方，为原来的角添加标签 ABC，上方的角对应添加标签为 DEF，使用"创建"→"变换"→"旋转"命令，将旋转角度设为 180，选中 D 点作为旋转中心，F 点添加变换，单击空白处. 出现一个黄色的点，添加标签为 G. 关闭对话框，使用画线工具连接 DG. 可以使用"测量"→"向量角"命令，测量观察．绘图过程中注意角的方向，也就是平行线的方向相同还是相反．

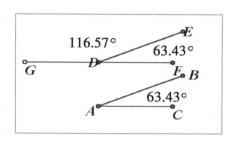

1. 请思考：方向相同时两个角相等，方向相反的时候呢？

2. 归纳定理：空间内的两个角的两边分别对应平行，那么这两个角相等或互补．

（三）空间四边形

3D 网格模式下，在 xOy 平面内绘制两个三角形，有公共边，拼成一个不规则的四边形，注意两个三角形的交线从外往内画，为四个顶点添加标签 ABCD. 使用"编辑"→"精确定位"→"任意方向旋转"命令，在"精确值旋转"对话框中设置旋转值为 60，选中 AC，然后单击"设定旋转轴"按钮，单击空白处，使用画点工具重复创建点 D 并选中，单击"旋转"按钮，关闭对话框，将移动位置后的重复创建的点命名为 D_1，标签下标可以使用"编辑"→"添加标签下标"命令，使用画线工具连接 AD_1、CD_1，形成三角形，分别选择三角形 ACD 和 ACD_1，合成组件并创建多边形面．选中面，编辑面属性为背景色显示．隐藏网格．

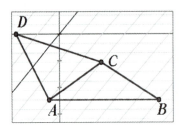 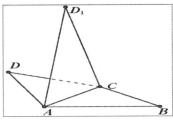

删除掉线段 AD、CD 和点 D 及其标签，选中空间四边形两个三角形非公共边，使用"创建"→"等分点"→"中点"命令，创建中点，添加标签 E、F、G、H，连接 EF、FG、GH、HE，形成四边形，选中四条边，合成组件并创建多边形面.

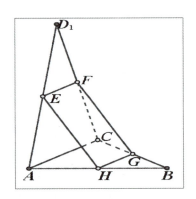

思考：四边形 EFGH 是平行四边形吗？为什么？

任务探究 3

例 3 用玲珑画板绘制图示线面平行的判定与性质定理（5.063 版）

（一）线面平行的判定定理

1. 作图步骤：

3D 网格模式下，先绘制一个平面，在平面内绘制一条直线，重复创建平面内的这条直线，选中直线及端点，使用"编辑"→"精确定位"→"定值轴位移"命令，使重复创建的直线在 z 轴方向上上升 2 个单位，添加相应的标签，隐藏点，隐藏网格.

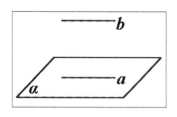

2. 归纳：

（1）线面平行的判定定理：如果平面外的一条直线与平面内的一条直线平行，那么这条直线与这个平面平行.

（2）请用符号语言表示一下：_____.

（二）线面平行的性质定理

1. 作图步骤：

（1）切换到 3D 网格模式，首先画一下两个平面的交线，可以从外向内画交线 b 的长度为 6 个单位，两端点添加标签为 G、H，用点工具单击直线，出现绿色，就是选中了直线上的点，使用"编辑→显示→添加标签"命令为直线添加标签 b，接着我们绘制一个正方形的面，将其边长也绘制为 6 个单位长度，将此面命名为 α，框选线和面. 合成组件，这样可以随意整体移动位置，隐藏网格.

（2）构造另外一个面 β，可以绘制一个半平面，重复创建 C、D 点，在平面 α 内绘制一条直线，直线添加标签 a，两端点添加标签为

E、F，使用"编辑"→"精确定位"→"任意方向旋转"命令，将 b 直线设定为旋转轴，设置旋转角度为 $110°$，将重复创建的两点和 E、F 四个点选中，单击对话框中的"旋转"按钮，将旋转后的重复创建的两点添加标签为 M、N。依次连接 MN、MG、NH。框选整个图形，合成组件。

（3）为了实现线面间自动遮挡的效果，选择 AB、BC、CD、DA 四条线段，使用"创建"→"创建面"→"多边形面"命令将平面 α 创建成实质面，选中 MN、GH、MG、NH 四条线段，将平面 β 创建成实质面，选中两个面，使用"编辑"→"面属性"→"背景色显示"命令，将面属性更改为背景色显示。

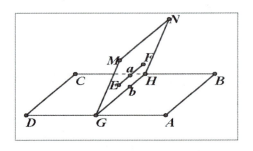

（4）两个平面的标签可以使用其中的一个顶点标签修改而成。用百度输入法输入阿尔法和贝塔就可以找到相应的符号。框选所有的图形，使用 Alt+P 键，隐藏所有的点，然后隐藏除平面 α、β 和直线 a、b 之外的所有的标签，可以调整标签的位置，更改直线 a、b 的颜色为绿色。

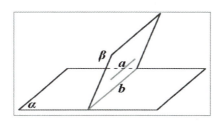

2. 归纳：

（1）直线与平面平行的性质：如果一条直线与一个平面平行，并且经过这条直线的一个平面和这个平面相交，那么这条直线与交线平行．

（2）请用符号语言表示一下：_____

任务探究 4

例 4 用玲珑画板绘制图示面面平行的判定与性质定理（5.063 版）

（一）面面平行的判定定理

1. 作图步骤：

3D 网格模式下，先绘制一个平面，在平面内绘制两条相交直线，框选整个图形，按住 Ctrl+C 键复制，Ctrl+V 键粘贴，使用"编辑"→"精确定位"→"定值轴位移"命令，使复制的平面沿 z 轴方向移动至原平面上方 2 个单位处．添加标签，隐藏点，隐藏网格．

删除 α 平面内的两条相交直线及标签．

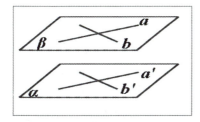 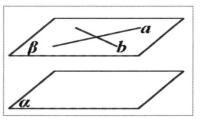

2. 归纳：

（1）面面平行的判定定理：如果一个平面内的两条相交直线都与另一个平面平行，那么这两个平面平行.

推论：如果一个平面内的两条相交直线分别平行于另一个平面内的两条直线，则这两个平面平行.

（2）请用符号语言表示一下：_____.

（二）面面平行的性质定理

1. 作图步骤：

在 3D 网格模式下，先绘制两个相交平面，然后将最初的 xOy 平面内的平面复制、粘贴并选中，使用"编辑"→"精确定位"→"定值轴位移"命令使复制的平面沿 z 轴方向上移 1 个单位．选中倾斜平面和上平面图形外边缘相交的边，使用"创建"→"交点"→"线线交点"命令，单击空白处，创建出交点，从外向内连接交点形成交线．删除标签．如左下图所示．为面和交线添加标签，隐藏点，隐藏网格．如右下图所示．

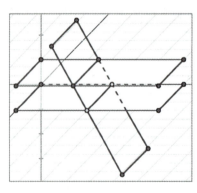 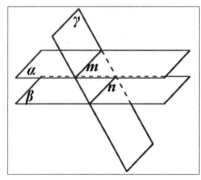

2. 归纳：

（1）面面平行的性质定理：如果一个平面与两个平行平面相交，

则它们的交线平行.

（2）请用符号语言表示一下：_____.

直线与直线
平行

直线与平面
平行

平面与平面
平行

以上实验你能够独立完成吗？如有疑问可申请教师帮助，或者与同学互相讨论，发现自己或同学的过人之处，并纠正出现的错误.

【自主探究】

为检测同学们对本节知识的掌握情况，请同学们完成下列题目.

1. 归纳绘制线线、线面、面面位置关系以及线线、线面、面面平行的判定与性质图示的一般步骤.

2. 一个长方体木块，如下图所示，要经过平面 A_1C_1 内一点 P 和棱 BC 将木块锯开，应怎样画线？

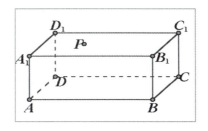

【任务评价】

（一）实验效果检测（选用前面任一任务探究）

（二）实验课堂学习评价表（或实验报告，大家可根据实际选择使用）

_____数学实验课堂学习评价表

专业与班级：　　　　　姓名：　　　　　日期：　　年　月　日

项目	序号	评价标准	权重	分别评分			分数
				自评 30%	组评 30%	师评 40%	
学习态度	1	能够按照要求提前完成复习、练习等准备工作	10				
	2	上课专注，有较强学习欲望，能积极参与课堂活动	10				
学习方法	3	有较为科学的学习计划；有认真记笔记的习惯	10				
	4	勤学好问；能及时总结方法、规律等经验	10				
	5	能够通过查阅书刊、上网等方式探究所学知识，拓展思路或开阔视野	10				
合作交流	6	能主动表明自己的观点；能认真听取师生的意见，并客观对待	10				
	7	能够独立学习，并愿意与同学合作	10				
学习纪律	8	遵守考勤制度；遵守课堂纪律	10				
学习效果	9	能够掌握所学的概念、方法等重点知识，并能初步应用其解决一些问题	10				
	10	能够理解或了解难点知识，并能用一定的方式表达出来；有继续学习的愿望	10				
总分			100				

定性评价	自评：
	组评：
	师评：

_____数学实验报告（学生填写）

实验名称				实验日期	
姓名		性别		学号	
所在专业、班级		指导教师		学生自评（满分100）	

实验过程与感受（实验中的发现，个人在**操作**、**语言**、**动脑**等方面的表现，体验的快乐）

实验效果（含学到的知识、操作技能、获得的经验以及有待于提高的方面等）

对今后的建议（给自己的、给老师的）

温馨提示：勤学和知识是朋友，汗水和技能是伙伴.

数学实验 直线与直线、直线与平面、平面与平面所成的角（任务单）

【学习目标】

1. 通过数学实验，正确理解直线与直线、直线与平面、平面与平面所成的角．

2. 通过数学实验，锻炼空间想象能力、数学思维能力，并掌握计算测量工具使用技能．

3. 通过数学实验，在自主探究的软件学习中培养学习兴趣，激发想象力和创造力．

【任务准备】

1. 数学相关知识（各自完成，提前在小组内相互检查）．

直线与直线所成的角相关定义及范围：_____．

直线与平面所成的角相关定义及范围：_____．

平面与平面所成的角相关定义及范围：_____．

2. 玲珑画板相关知识．

（1）熟悉玲珑画板软件的操作界面．（5.063 版）

（2）能够运用玲珑画板绘制简单的几何图形．

上机练习

用玲珑画板根据直线与直线、直线与平面、平面与平面所成的角，尝试画图．

完成后，选择菜单"视图"→"透视图"，观看3D透视图，查看所作图是否标准．

【任务分析】

1. 用玲珑画板绘制直线与直线所成的角．
2. 用玲珑画板绘制直线与平面所成的角．
3. 用玲珑画板绘制平面与平面所成的角．

【任务实施】

任务探究1

例1 绘制直线与直线所成的角（5.063版）

（一）共面直线所成的角

1. 测量图示：

可以对两条平行直线或相交直线形成的角进行测量：选中两条直线，使用"测量"→"向量角"命令，单击空白处，可以测得相应角度．

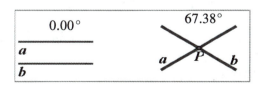

2. 归纳：

两条直线平行时所成的角是零角，**两条相交直线的夹角**是这两条直线相交所成的最小的正角，范围是 $\left(0, \dfrac{\pi}{2}\right]$.

（二）异面直线所成的角

1. 作图步骤：

根据前面的 9.2 实验，如左下图所示，绘制两条异面直线．

异面直线所成的角第一种作法：在空间中取一点 O，选中点 O 和直线 a，使用"创建"→"平行线"命令，单击空白处，过点 O 作 a 直线的平行线 OP，使用"创建"→"线"→"直线"命令，选中 OP 两点，创建直线，在直线上 O 的两侧选取两点，用画线工具连接，选中直线、OP 线段和 P 点，隐藏选中，为线段添加修改标签 a'，隐藏点 O 和端点，同理，过点 O 可作 b 直线的平行线 b'，则 a'、b' 的夹角，就是异面直线 a 与 b 所成的角，选中两条直线，使用"创建"→"标记"→"弧"命令，双击圆弧，在"角标记属性"对话框中，选中"文字标记"复选框，消除"显示面"的选中状态，单击"确定"按钮．隐藏圆弧的标签和网格．如中下图所示．

异面直线所成的角第二种作法，也是通常作法：取一条直线与过另一条直线的平面的交点作为点 O. 左下图中，编辑显示点，选中直线 b 与平面的交点，再选中直线 a，创建平行线 a'，步骤同前．选中直线 a' 和 b，标记所成的角，步骤同前．选中圆弧标记拖动，可以调整标记的大小．如右下图所示．

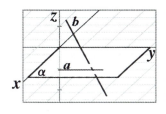 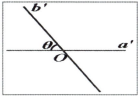 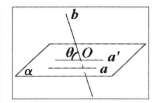

2. 异面直线所成的角的动画.

（1）切换到3D网格模式，绘制一个平面β和平面内的两条平行于y轴的直线a与b，取平行于y轴的两条水平边上的中点由外向内连接形成旋转轴，合成组件．制作两条动画控制轴，在两条轴上分别选取变量点，轴旁边分别使用文本工具添加文字"改变角度"和"平移直线"，选中隐藏变量轴的端点．

（2）旋转动画：使用"编辑"→"精确定位"→"任意方向旋转"命令，在"精确值旋转"对话框中设置旋转值为10，选中旋转轴，然后单击"设定旋转轴"按钮，单击空白处，重复创建平面的四个顶点并选中，再选中直线a的两个端点，单击"旋转"按钮，关闭对话框，使用画线工具依次连接变动位置后的顶点形成新的平面α，并和面内直线a合成组件．使用"动画"→"旋转动画"命令，将角度最值设为90，单击改变角度变量轴上的点，单击"设定变量"按钮，单击空白处消除选中，单击之前的旋转轴，单击设为旋转轴，再次单击选中平面α的四个顶点和直线a的两个端点，单击"添加到动画"按钮．拖动变量点查看效果．再次使用"编辑"→"精确定位"→"任意方向旋转"命令，在"精确值旋转"对话框中设置旋转值为–10，选中旋转轴，然后单击"设定旋转轴"按钮，单击空白处，单击选中平面

α 的四个顶点和直线 a 的两个端点,单击"旋转"按钮,关闭对话框.这样可以使平面的旋转角度得到调整.两平面不重合时,就构造出了两个平面内的两条异面直线.改变角度到一定位置,构造出直线 b 和旋转轴的交点并选中,再选中直线 a,创建平行线,以交点为界,删除标签及处于交点右方的点,只保留交点左侧的点并连接,此时观察图形可以发现两条异面直线所成的角,就可以用直线 a 的平行线和直线 b 的夹角来表示了,以交点为顶点,重新构造角的两条边,添加标记,可以使用"测量"→"向量角"命令进行测量.

(3)位移动画:在交线上创建一条线段,起点在直线 a 与交线的交点下方,终点在直线 b 与交线的交点上,以这条线段作为平移轴,使用"动画"→"位移动画"命令,将第 2 条变量轴上的变量点设定为变量,设定平移轴后,选中直线 a 的两端点添加到动画,拖动变量点查看效果,使用画点工具选中直线 a 在最下方时与交线的交点,拖动平移轴下方的端点,移动至此处,此时我们就可以演示平移异面直线中的一条与另外一条直线相交,从而测得异面直线所成的角.可以对图形进行修饰,添加标签,隐藏点,隐藏网格.

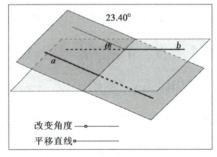 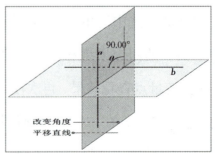

3. 归纳：

（1）定义：经过空间任意一点分别作与两条异面直线平行的直线，这两条相交直线的夹角叫作**两条异面直线所成的角**.

异面直线所成的角

（2）两条异面直线所成的角的范围是 $\left(0, \dfrac{\pi}{2}\right]$.

（三）直线与直线所成的角的范围

归纳：两条直线平行时所成的角是零角，两条直线垂直时所成的角是直角（包括相交垂直和异面垂直），两条直线相交时所成的角的范围是 $\left(0, \dfrac{\pi}{2}\right]$，两条异面直线所成的角的范围是 $\left(0, \dfrac{\pi}{2}\right]$. 因此**直线与直线所成的角的范围**是 $\left[0, \dfrac{\pi}{2}\right]$.

任务探究 2

例 2 用玲珑画板绘制直线与平面所成的角（5.063 版）

（一）绘制线面垂直

1. 作图步骤：

（1）切换到 3D 网格模式，绘制一个平面 α，框选合成组件并创建多边形面，将平面设置为背景色显示．

（2）框选整个图形，使用"创建"→"中心点"→"添加自由中心点"命令，创建一点 P，选中平面和 P 点，使用"创建"→"点面垂线"命令创建面的垂线，修改新生成的 P 点标签为 l，使用"创建"→"线"→"射线"命令，过垂线上的两点由上往下画一条射线，在平面下方的射线上选取一点，选中射线，隐藏选中，选中最初的垂线，隐藏选中．使用画线工具连接平面上方和下方两点．选中平面的顶点和直线的两个端点，隐藏点，隐藏网格．

说明：还可以使用其余的方法选取平面内的一点 P，绘制点面垂线，步骤同上．

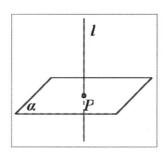

2. 归纳：

（1）定义：如果直线和平面内的任意一条直线都垂直，那么就称**直线与平面垂直**．直线叫作**平面的垂线**，垂线与平面的交点叫作**垂足**．用符号表示一下：_____．

（2）画法：画表示直线和平面垂直的图形时，要把直线画成与平行四边形的横边垂直，其中交点是垂足．

（二）绘制斜线与平面所成的角

1. 作图步骤：

（1）切换到 3D 网格模式，绘制一个平面 α，框选合成组件并创建多边形面，将平面设置为背景色显示．

（2）绘制线面斜交的情形，可以使用前面的方法，也可以使用以下方法．在平面平行于 y 轴的两条边上，当画点工具变绿时各选一点，使用画线工具连接以后在此线段上再选一点，这一点肯定在平面 α 内．添加标签 B，作为后面斜线的斜足．选中此线段及其两端点，隐藏选中．重复创建点 B 并选中，使用"编辑"→"精确定位"→"定值轴位移"命令，使重复创建的点沿着 z 轴方向上升 2 个单位，沿着 y 轴方向右移 2 个单位，将移动位置后的点添加标签修改为 P，创建 BP 直线，在平面上方和下方的直线上 BP 线段之外各选取一个点并连接这两点，将上方的点添加修改标签为 m，选中直线和 BP 线段之外的两点，隐藏．

（3）选中 P 点和平面创建点面垂线，将垂足标签修改为 A，连接 BA，为此直线添加标签为 n．隐藏点，隐藏网格．框选整个图形合成组件，移动其位置时还可以发现 B 点在原本的线段轴上运动时形成的图形．

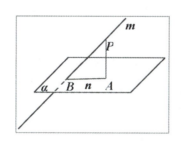

2. 斜线与平面所成的角范围探究：

（1）切换到 3D 网格模式，绘制一个平面 α，框选合成组件并创建多边形面，将平面设置为背景色显示．取平行于 y 轴的两条水平边上的中点由外向内连接形成旋转轴．在平面内画一条平行于 y 轴的直线，选中此直线和旋转轴，创建交点 B，删除标签．重复创建此直线．使用"编辑"→"精确定位"→"任意方向旋转"命令，在"精确值旋转"

对话框中设置旋转值为60，选中旋转轴，然后单击"设定旋转轴"按钮，单击空白处，选中重复创建的直线，单击"旋转"按钮，关闭对话框．如左下图所示．

（2）选中平面和平面上方的端点，创建点面垂线，取一个端点之外的点P，选中此点和点面垂线，创建平行线，删除自动显示标签，过显示出的平行线段的两端点创建直线并选中，再选中面内的直线创建交点A，删除标签，隐藏点面垂线和两条平行直线及多余的点，连接PA，则PA同样垂直于平面，且BA是斜线PB在平面内的射影．如右下图所示．$\angle PBA$就是斜线与平面所成的角，选中角的两条边，可以使用"测量"→"向量角"命令进行测量．

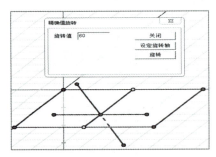 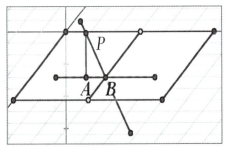

（3）绘制一条变量轴和变量点，使用"动画"→"旋转动画"命令，将角度最值设为90，单击变量轴上的点设定变量，设定旋转轴，选中与平面相交的直线的两个端点，单击"添加到动画"按钮．拖动变量点查看效果．再次使用"编辑"→"精确定位"→"任意方向旋转"命令，在"精确值旋转"对话框中设置旋转值为–60，选中旋转轴，然后单击"设定旋转轴"按钮，单击空白处，单击选中重复创建

的直线，单击"旋转"按钮，关闭对话框．这样可以使平面的旋转角度得到调整．隐藏点和网格．拖动变量点，观察一下斜线与平面所成的角的范围．

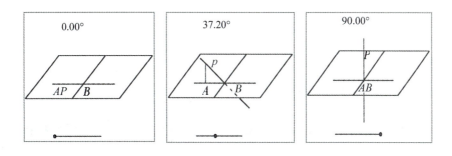

3. 归纳：

$PA \perp \alpha$，线段 PA 叫作**垂线段**，垂足 A 叫作**点 P 在平面 α 内的射影**．

直线与平面相交但不垂直则称**直线与平面斜交**，直线叫作**平面的斜线**，斜线和平面的交点叫作**斜足**，点 P 与斜足 B 之间的线段叫作点 P **到这个平面的斜线段**．

过垂足与斜足的直线叫作**斜线在平面内的射影**．

从平面外一点 P 到平面 α 的垂线段的长叫作**点 P 到平面 α 的距离**．

斜线与平面所成的角范围是 $\left(0, \dfrac{\pi}{2}\right)$．

（三）直线与平面所成的角的范围

规定：当直线与平面垂直时，所成的角是直角；当直线与平面平行或直线在平面内时所成的角是零角．显然**直线与平面所成的角的取**

值范围是 $\left[0, \dfrac{\pi}{2}\right]$.

任务探究 3

例 3 用玲珑画板绘制平面与平面所成的角（5.063 版）

（一）绘制二面角

1. 作图步骤：

（1）在 3D 网格模式下，先由外向内画出 AB 线段（因为后面是以 AB 为旋转轴编辑动画的．旋转的方向是用右手去握旋转轴，大拇指指向旋转轴画线的方向，四指绕向就是图形旋转的方向）．画出 AB 线段左侧的平行四边形和右侧的平行四边形，可以在平行于 x 轴的左右两条边和 AB 线段上，创建等分点中点，其中 AB 线段的中点标签添加修改为 C，以 C 点作为起点，向左向右分别连接两条边中点形成平行于 y 轴的线段后，可以在两边线段上取 N 等分点如 4 等分点，保留其中的两个对称的等分点 E、F，将两边线段、其余的点及标签隐藏，连接 CE、CF.

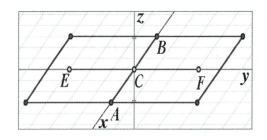

（2）使用"编辑"→"精确定位"→"任意方向旋转"命令，在"精确值旋转"对话框中将旋转值设为 0～180 的任意角度如 60，只选中 AB 作为旋转轴，只选中 AB 线段左侧的三个点，单击"旋转"按钮．

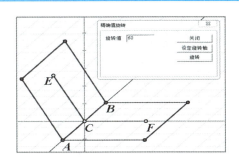

根据3D网格模式绘制平行四边形的特点可知或者使用"测量"→"向量角"命令可以测量出 AB、CE 以及 AB、CF 之间的垂直关系. 根据定义可知, ∠ECF 就是二面角的平面角.

2. 归纳：平面内的一条直线把平面分成两部分，每一部分叫作一个半平面. 从一条直线出发的两个半平面所组成的图形叫作**二面角**，这条直线叫作**二面角的棱**，这两个半平面叫作**二面角的面**. 过棱上的一点分别在二面角的两个面内作与棱垂直的射线，以这两条射线为边的最小正角叫作**二面角的平面角**.

3. 思考：现在形成的二面角的平面角的角度是多少？选中 CE、CF，使用"测量"→"向量角"命令测量二面角的平面角的角度.

（二）绘制二面角动画

1. 制作思路：先画出展开的点线图形，然后编辑左半侧的点的旋转动画.

2. 作图步骤：首先同前面二面角绘制步骤（1）绘制，如左下图所示.

创建一条变量轴，在变量轴上选取变量点，使用"动画"→"旋转动画"命令，在对话框中将角度最值修改为180，只选中变量轴上的变量点，单击"设定变量"按钮. 只选中 AB 线，单击"设为旋转轴"按钮.只选中 AB 线段左侧的三个点,单击"添加到动画"按钮.如下图所示.

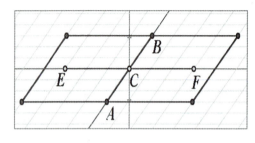 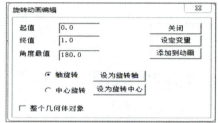

选中 CE、CF,使用"测量"→"向量角"命令测量二面角的平面角的角度.

拖动变量点,如左下图所示.

最后可以再创建些面,隐藏点,改点线面颜色等属性做适当修饰,达到预期的效果.如右下图所示.

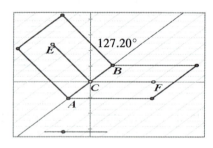 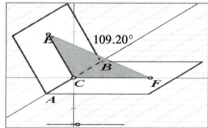

3. 归纳:

(1)当二面角的两个半平面重合时,**规定二面角为零角**;当二面角的两个半平面合成一个平面时,**规定二面角为平角**.因此**二面角取值范围是 $[0,\pi]$**.

（2）平面角是直角的二面角叫作**直二面角**，此时称**两个平面垂直**.

以上实验你能够独立完成吗？如有疑问可申请教师帮助，或者与同学互相讨论，发现自己或同学的过人之处，并纠正出现的错误.

【自主探究】

为检测同学们对本节知识的掌握情况，请同学们完成下列题目.

1. 归纳绘制直线与直线、直线与平面、平面与平面所成的角的一般步骤.

2. 正方体 $ABCD-A_1B_1C_1D_1$ 中，

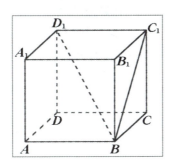

（1）求下列各对直线所成角的度数：① DD_1 与 BC；② AA_1 与 BC_1.

（2）求对角线 D_1B 与底面 $ABCD$ 所成角的大小.

（3）求二面角 D_1—AD—B 的大小．

【任务评价】

（一）实验效果检测（选用前面任一任务探究）

（二）实验课堂学习评价表（或实验报告，大家可根据实际选择使用）

异面直线所成
的角

直线与平面所
成的角

平面与平面所
成的角

_____数学实验课堂学习评价表

专业与班级：　　　　　　姓名：　　　　　　日期：　　年　月　日

项目	序号	评价标准	权重	分别评分			分数
				自评 30%	组评 30%	师评 40%	
学习态度	1	能够按照要求提前完成复习、练习等准备工作	10				
	2	上课专注，有较强学习欲望，能积极参与课堂活动	10				
学习方法	3	有较为科学的学习计划；有认真记笔记的习惯	10				
	4	勤学好问；能及时总结方法、规律等经验	10				
	5	能够通过查阅书刊、上网等方式探究所学知识，拓展思路或开阔视野	10				
合作交流	6	能主动表明自己的观点；能认真听取师生的意见，并客观对待	10				
	7	能够独立学习，并愿意与同学合作	10				
学习纪律	8	遵守考勤制度；遵守课堂纪律	10				
学习效果	9	能够掌握所学的概念、方法等重点知识，并能初步应用其解决一些问题	10				
	10	能够理解或了解难点知识，并能用一定的方式表达出来；有继续学习的愿望	10				
总分			100				
定性评价	自评：						
	组评：						
	师评：						

＿＿＿＿＿＿＿＿＿＿数学实验报告（学生填写）

实验名称				实验日期	
姓名		性别		学号	
所在专业、班级		指导教师		学生自评（满分100）	

实验过程与感受（实验中的发现，个人在**操作**、**语言**、**动脑**等方面的表现，体验的快乐）

实验效果（含学到的知识、操作技能、获得的经验以及有待于提高的方面等）

对今后的建议（给自己的、给老师的）

温馨提示：勤学和知识是朋友，汗水和技能是伙伴.

数学实验　直线与直线、直线与平面、平面与平面垂直的判定与性质（任务单）

【学习目标】

1. 通过数学实验，正确理解直线与直线、直线与平面、平面与平面垂直的判定与性质.

2. 通过数学实验，锻炼空间想象能力、数学思维能力，并掌握计算测量工具使用技能.

3. 通过数学实验，在自主探究的软件学习中培养学习兴趣，激发想象力和创造力.

【任务准备】

1. 数学相关知识（各自完成，提前在小组内相互检查）.

空间两条直线垂直的判定与性质：_____.

直线与平面垂直的判定：_____.

直线与平面垂直的性质：_____.

平面与平面垂直的判定：_____.

平面与平面垂直的性质：_____.

2. 玲珑画板相关知识.

（1）熟悉玲珑画板软件的操作界面.（5.063 版）

（2）能够运用玲珑画板绘制简单的几何图形.

上机练习

用玲珑画板根据直线与直线、直线与平面、平面与平面垂直的判定与性质，尝试画图.完成后，选择菜单"视图"→"透视图"，观看 3D 透视图，查看所作图是否标准.

【任务分析】

1. 用玲珑画板绘制图示两条相交直线垂直和异面直线垂直.

2. 用玲珑画板绘制图示直线与平面垂直的判定与性质.

3. 用玲珑画板绘制图示平面与平面垂直的判定与性质.

【任务实施】

任务探究 1

例 1 用玲珑画板绘制图示两条相交直线垂直和异面直线垂直（5.063 版）.

1. 相交垂直.

作图步骤：

切换到 2D 网格模式，沿着横竖网格线画两条相交直线，选中直线，使用"测量"→"向量角"命令，单击空白处，测得角度为 90°，可以为两条直线创建直角标记.

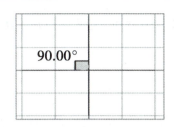

2. 异面垂直.

作图步骤:

方法一: 根据前面 9.2 实验异面直线的绘制,在重复创建的 A 点位置变动时,只沿着 z 轴方向平移,y 轴方向不变动.

方法二: 在 3D 网格模式下,使用画线工具绘制一个在 xOy 平面内的平行四边形,合成组件并创建多边形面 α,编辑面属性为背景色显示,在内部绘制一条直线 a,在四边形内部直线 a 外,使用画点工具画一点 A,选中点 A 和平面 α,创建点面垂线 AP,使用"创建"→"线"→"直线"命令,过 A 点和 P 点,创建直线,在平面上方和下方的直线上各选取一点,将上方的点添加修改标签为 b,选中直线,隐藏,选中 AP 线段和 P 点,隐藏选中,用画线工具连接选取的两点,构建直线 b.

框选整个图形合成组件后,使用"编辑"→"选中几何体对象"→"点"命令,选中顶点、端点、交点,再使用"编辑"→"隐藏"→"点"命令隐藏,隐藏网格.

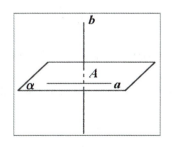

以上两种方法均能作出异面直线垂直的情况。你能用其余的方法作出异面直线垂直吗？

3. 归纳：

定义：如果空间两条直线所成的角是 90°，那么称这**两条直线互相垂直**，直线 a 和 b 互相垂直，记作 $a \perp b$.

任务探究 2

例 2 用玲珑画板绘制图示直线与平面垂直的判定与性质（5.063 版）

（一）绘制图示直线与平面垂直的判定

1. 作图步骤：

可以先绘制一个平面，在平面内绘制两条相交直线，并创建两条直线的交点 A，依次过点 A 和其中一条直线创建点线垂线，过点 A 和平面创建点面垂线，可以发现，点线垂线和点面垂线重合.

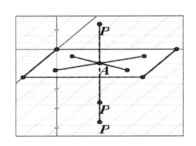

线面垂直判定
的再探究

再探究：你能够在平面内作出一条与平面的垂线不垂直的直线吗？作出两条相交直线平行线相交的情形，作出任意位置的两条相交直线，是不是都能够通过旋转和平移，使其移动到过点 A 的两条相交直线？任意一条直线都可以找一条相交直线变换出前面两条相交直线和点面垂线垂直的情形.

2. 归纳：

判定：

如果一条直线与一个平面内的两条相交直线都垂直，那么这条直线与这个平面垂直．

用符号语言叙述一下：＿＿＿＿＿＿＿＿＿＿＿＿＿＿＿＿＿＿．

3. 探究思考：

一条直线和平面内无数条直线垂直，一定垂直于该平面吗？在一个平面内绘制一条斜线 AB，在平面内找出过斜足 A 的一条垂线 CD，在平面内作 CD 的无数条平行线．则斜线和 CD 相交垂直，和 CD 的无数条平行线都是异面垂直，却不垂直于平面．

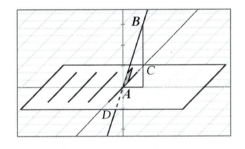

4. 判定推论：

（1）绘图步骤：

切换到 3D 网格模式，逆时针方向画一个平行四边形，合成组件并创建多边形面，编辑面属性为背景色显示，在平面内取 A、B 两点，选中 A 点和面 α，创建点面垂线 m，过 B 点创建 m 的平行线 n，使用"创建"→"变换"→"旋转"命令，旋转角度设为 180，只选中 B 点，设置为旋转中心，选中 P 点，单击"添加变换"按钮，关闭对话框，使用画线工具连接 B 点和黄色的点添加修改标签为 n，隐藏平面下方的线段、点及标签，这样就调整平行线的位置到平面上方．可以过 B 点，选取平面内的两条相交直线，测出 n 和它们都垂直，根据线面垂直的判定，n 垂直于平面 α．

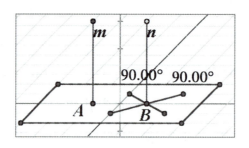

（2）归纳：在两条平行直线中，如果有一条直线垂直于一个平面，那么另一条直线也垂直于这个平面．

用符号语言叙述一下：_____．

（二）绘制图示直线与平面垂直的性质

1. 作图步骤：切换到 3D 网格模式，逆时针方向画一个平行四边形，合成组件并创建多边形面，编辑面属性为背景色显示，在平面内取 A、B 两点，选中两点和平面 α，创建点面垂线 m 和 n，可以选中 m 和 n，使用"测量"→"向量角"命令测量，所成角为零角．隐藏点，隐藏网格．

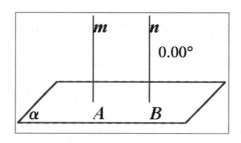

2. 归纳：

性质：垂直于同一个平面的两条直线互相平行.

用符号语言叙述一下：＿＿＿＿＿＿＿＿＿＿＿＿＿＿＿＿＿＿．

任务探究 3

例 3 用玲珑画板绘制平面与平面垂直的判定与性质图示（5.063 版）

（一）绘制图示平面与平面垂直的判定

1. 绘制两个互相垂直的平面的步骤：

图示一：切换到 3D 网格模式，逆时针绘制一个平行四边形，合成组件并创建多边形面 α，编辑面属性为背景色显示，在左右两侧边上创建中点并连接，隐藏标签，重复创建两个中点并选中，使用"编辑"→"精确定位"→"定值轴位移"命令，z 轴方向上设置值为 2，使重复创建的中点沿 z 轴向上移 2 个单位，顺次连接 2 个重复创建的点和原本的中点，形成矩形．连接矩形的四条边合成组件并创建多边形面 β，编辑面属性为背景色显示，隐藏点，隐藏网格，如左下图所示．

图示二：切换到 3D 网格模式，绘制一个平行四边形，合成组件并创建多边形面 α，编辑面属性为背景色显示，在前后两侧边上创建三等分点并连接其中的一组，隐藏另一组三等分点和标签，重复创建两个三等分点并选中，使用"编辑"→"精确定位"→"定值轴位移"命令，z 轴方向上设置值为 2，x 轴方向上设置为 –1. 使重复创建的中点沿 z 轴向上移 2 个单位，沿 x 轴的反方向移动一个单位，顺次连接两个重复创建的点和原本的点，形成平行四边形．连接平行四边形的四条边合成组件并创建多边形面 β，编辑面属性为背景色显示，隐藏点，隐藏网格，如右下图所示．

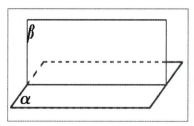
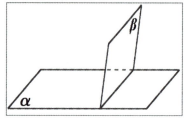

2. 绘制图示平面与平面垂直的判定的步骤：

切换到 3D 网格模式，逆时针绘制一个平行四边形，合成组件并创建多边形面 α，编辑面属性为背景色显示，框选整个图形，使用"创建"→"中心点"→"添加自由中心点"命令创建中心点 B，选中点和面，创建点面垂线，删除标签．选中平行四边形前后两条水平边，创建中点并连接，修改标签为 C、D，重复创建两个中点并选中，使用"编辑"→"精确定位"→"定值轴位移"命令，z 轴方向上设置值为 2，使重复创建的中点沿 z 轴向上移 2 个单位，顺次连接两个重复创建的点和原本的中点，形成矩形．连接矩形的四条边合成组件并创建多边形面 β，编辑面属性为背景色显示，使用画点工具在 β 平面的平行四边形内，选取点面垂线上一点 A，连接 BA，隐藏点面垂线及点，隐藏网格．

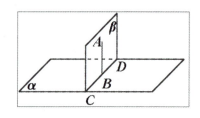

3. 归纳：

（1）画法：画表示两个互相垂直平面的图形时，一般将两个平行四边形的一组对边画成垂直的位置，可以把直立的平面画成矩形，也可以把直立的平面画成平行四边形．

（2）判定：一个平面经过另一个平面的垂线，则两个平面垂直．

用符号语言表示一下：_____．

（二）绘制图示平面与平面垂直的性质

1. 作图步骤：

以前面两个互相垂直的平面图示一为例，可以先绘制出 α 和 β 平面，在两平面交线 m 上取一点，选中交线和这个点，在 β 平面内创建点线垂线，使用画点工具选点画线工具连线，使得点线垂线只显示局部，添加修改标签为 n，则 n 也一定垂直于平面 α．使用测量方法验证一下．隐藏点，隐藏网格．

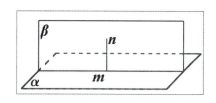

2. 归纳：

性质：如果两个平面垂直，那么一个平面内垂直于交线的直线与另一个平面垂直．

用符号语言叙述一下：_____．

以上实验你能够独立完成吗？如有疑问可申请教师帮助，或者与同学互相讨论，发现自己或同学的过人之处，并纠正出现的错误．

【自主探究】

为检测同学们对本节知识的掌握情况，请同学们完成下列题目．

1．归纳绘制图示空间两条直线、直线与平面、平面与平面垂直的判定与性质的一般步骤．

2．正方体 $ABCD$—$A_1B_1C_1D_1$ 中，

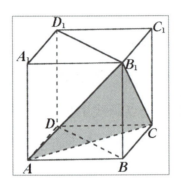

（1）直线 AB 和 DD_1 垂直吗？为什么？你能找出正方体中哪几组异面垂直的直线？

（2）直线 AA_1 与平面 $ABCD$ 垂直吗？为什么？你能找出正方体中哪几组线面垂直的情形？

（3）平面 B_1AC 与平面 B_1BDD_1 垂直吗？为什么？你能找出正方体中哪几组面面垂直的情形？

【任务评价】

（一）实验效果检测（选用前面任一任务探究）

（二）实验课堂学习评价表（或实验报告，大家可根据实际选择使用）

直线与直线
垂直

直线与平面
垂直

平面与平面
垂直

_____数学实验课堂学习评价表

专业与班级：　　　　　　姓名：　　　　　　日期：　　年　月　日

项目	序号	评价标准	权重	分别评分			分数
				自评 30%	组评 30%	师评 40%	
学习态度	1	能够按照要求提前完成复习、练习等准备工作	10				
	2	上课专注，有较强学习欲望，能积极参与课堂活动	10				
学习方法	3	有较为科学的学习计划；有认真记笔记的习惯	10				
	4	勤学好问；能及时总结方法、规律等经验	10				
	5	能够通过查阅书刊、上网等方式探究所学知识，拓展思路或开阔视野	10				
合作交流	6	能主动表明自己的观点；能认真听取师生的意见，并客观对待	10				
	7	能够独立学习，并愿意与同学合作	10				
学习纪律	8	遵守考勤制度；遵守课堂纪律	10				
学习效果	9	能够掌握所学的概念、方法等重点知识，并能初步应用其解决一些问题	10				
	10	能够理解或了解难点知识，并能用一定的方式表达出来；有继续学习的愿望	10				
总分			100				
定性评价	自评：						
	组评：						
	师评：						

_____数学实验报告（学生填写）

实验名称				实验日期	
姓名		性别		学号	
所在专业、班级		指导教师		学生自评（满分100）	

实验过程与感受（实验中的发现，个人在**操作**、**语言**、**动脑**等方面的表现，体验的快乐）

实验效果（含学到的知识、操作技能、获得的经验以及有待于提高的方面等）

对今后的建议（给自己的、给老师的）

温馨提示：勤学和知识是朋友，汗水和技能是伙伴．

玲珑画板简介

玲珑画板广泛应用于平面几何、立体几何、解析几何、函数、不等式等，能够动态展示几何、函数等图形，是一款灵活的动态数学教学软件．玲珑画板极具创新性、实用性（可以快速进行试卷、教案作图、课件制作等）、方便智能（尤其是三维方面可以利用操作轴随意进行旋转、位移、缩放等几何变换，还有三视图、透视图、切割、三维翻折展开等各类三维透视）．玲珑画板操作简单，易于掌握，针对画图、动态演示、问题探索等动态几何教学，非常适合高中、初中、小学的数学的教与学．

一、玲珑画板的窗口

玲珑画板的窗口包括菜单栏、工具箱、工作区和状态栏等几部分，下面以玲珑画板 6.045 版为例进行介绍．

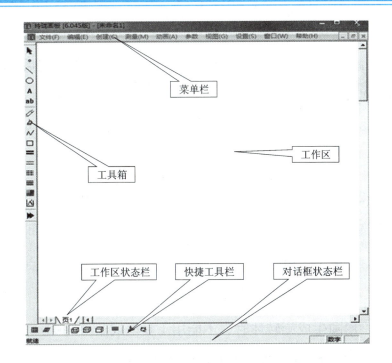

二、玲珑画板工具箱工具基本功能及基本用法简介

工具箱的工具有，选择 ，画点 ，画线 ，2D 圆 ，文本 ，二维编辑 ，画笔 ，橡皮擦 ，拟合曲线 ，截图 ，粗线 ，细线 ，虚线 ，实线 ，颜色 ，字体 ，自定义工具 等．

1. 选择工具：选择对象是它的主要功能，还可以用这个工具平移、旋转或缩放对象．再次单击选中对象或单击空白处可以消除选中对象．

2. 画点工具：

可以在画板绘图区任何空白的地方或线上画点，线可以是线段、射线、圆、轨迹、函数图像．单击画点工具，然后将光标移动到画板的工作区中单击一下，就会出现一个点．在其余轨迹上画点，轨迹会变为绿色.

3. ↘ 画线工具：可以用于画线段，单击画线工具，然后将光标移动到画板的工作区中，单击左键，将鼠标移动到另一位置，再单击，就会画出一条线段，并且它的两个端点均可以作为相对独立的对象存在.

4. ○ 2D 圆工具：单击画圆工具，然后将鼠标移动到工作区中单击（确定圆心），并将鼠标拖动到另一位置（起点和终点间的距离就是半径），再单击，就会出现一个圆，并且圆周上有一个点，当拖动这个点时，圆的大小会发生变化.

注意：用圆生成旋转体时，不能用工具栏或菜单的 2D 圆，因为它受圆心及半径点控制，必须选中菜单的"创建"→"圆"→"圆"命令，创建出来的圆才是自由圆.

5. A 文本工具：功能是加标注（即说明性的文字）或给对象添加标签. 步骤为：单击文本工具，单击或者双击工作区需要添加文本处，出现闪动光标，添加编辑完毕后再单击工作区结束文本编辑. 再次双击可以修改文本.

6. ▢ 截图：单击该工具后，在画面上拉出一块区域，该区域的图形就会被截以图片，选中"编辑"菜单中的"复制"命令，然后在其他比如像 Word 这样的编辑软件中可以直接粘贴.

7. 线属性工具（虚、实、粗、细工具）：

先选中线对象，再修改线的属性（虚、实、粗、细对函数线、轨迹线等都有效）.

粗线 ▬：将选中的线对象加粗，多次单击可以不断加粗．

细线 ▬：将选中的线对象变细，多次单击可以不断变细．

虚线 ▦、实线 ▬：选中对象后单击虚线、实线工具可以设置线的属性．

如果全局是"本性设置显示"，则设置的线虚实属性有效．设置选中的线为虚，就会显示为虚线，设置为实就显示为实线．

如果全局为"自动虚实显示"或"自动遮挡显示"，则线的虚实属性无效．被面挡住了的线部分显示为虚，没被面挡住的显示为实．

8. ▣ 工作区下方快捷工具栏"合成时自动创建面"快捷工具：

典型用法如形成柱或锥时，事先单击此按钮，会在合成组件时自动创建侧棱及面．

三、基本操作

（一）鼠标基本操作

1. 鼠标基本操作主要包括单击、双击、右键或右击．

2. 右击举例：

（1）右击绘点、线、圆之后，于空白处右击一下，可以切换到选取状态．

（2）右击合成组件，保持图形的整体不变形．

（3）如果是立体图，右击多看透视图．

3. 单击举例：每次操作完成之后，在空白处单击一下，可以取消所有的选中．

4. 双击举例：双击特殊对象会弹出其属性窗口．

（二）画图基本知识

1. 两种操作状态的切换：

（1）画图通常使用鼠标操作．有两种操作状态：一种是画图状态；另一种是选取状态．在画图状态时，通过按住、拖动、放开鼠标，就画出点、线、圆等图形．在选取状态时，通过移动鼠标，对图形元素进行单选、框选、双击等操作以待对图形的修改及编辑．

（2）单击菜单或工具栏中的画点、线、圆等可切换到画图状态．然后就可以通过鼠标操作画出需要的图形元素了．当完成画图后，需切换至选取状态：方法一，在空白处右击；方法二，单击左边工具栏第一个按钮．

2. 单选元素：直接移动鼠标到图形对象位置，当鼠标由箭头变为十字形时，按下左键放开．对此元素进行选中或取消选中．

3. 框选元素：移动鼠标在空白处按下，拖动出一个区域，放开鼠标，则在此区域中的点及线元素被选中．如果按住 Ctrl 键进行框选，则在上次的选取队列中进行增加选中．当选取对象结束后，要取消所有选中，可在空白处单击一下鼠标，表示清空选中．

（三）操作轴的使用

1. 中间的三个轴及三个圈就是操作轴，如下图所示．

操作轴的功能是对选中的几何对象进行旋转、位移、缩放等几何变换．如果操作轴没显示，可以看一下右键菜单是否勾选了"显示操作轴"命令．

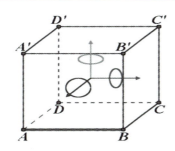

玲珑画板中所有的点都是三维坐标,按照高中课本规定,上下为 z 轴,左右为 y 轴,前后为 x 轴.旋转变换的方式为右手法则.常用平面对应为 xOy、xOz、yOz 平面.

2. 上例操作方法:

打开程序,选中菜单"创建"→"正多面体"→"正六面体"命令,进入画图状态,然后在画面上单击一下,正多面体画图后会自动切换到选取状态.选中一条边或一个点或框选正方体.

进入旋转、位移、缩放操作(当鼠标移动到操作轴上有颜色变化后进行拖动):鼠标移到操作轴中心,变黑,然后拖动,就可以进行缩放变换;鼠标移动到圈上,变黑,然后拖动,就可以进行旋转变换;鼠标移动到轴上,变黑,然后拖动,就可以进行位移变换.

3. 说明:

直接拖动正方体的点也会缩放;直接拖动边也会移动;旋转一定角度后,右键菜单"旋转复位"命令可以进行复位操作.

(四)看透视图

选中图形,单击右键,选中菜单"透视图"命令可以看透视图,在透视图下:

（1）按住左键拖动，360°转，放开后会自动转动，放开得快就转得快，放开得慢就转得慢；（2）滚动滚轮可以缩放；（3）右击会切换不同的显示状态．

（五）看三视图

选中图形，单击右键，选中菜单"三视图"命令，看看三视图．

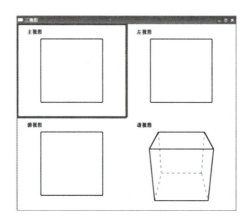

在三视图窗口中，按 F3 键或 3 键，移动鼠标，切换为选中，选中某个视图单击后，可以观察它的压扁过程，左键是停止/开始动画，右键是恢复状态，ESC 键是恢复上一状态，F2 键是全屏切换，鼠标滚轮可以缩放．

（六）关于几种投影方式

1. 三维图形显示在二维屏幕上，需将三维坐标转化成二维坐标，按一定方式进行投影转换．

2. 在玲珑画板中，对于图元对象的投影方式有：斜二侧投影，斜二侧投影（左），正等侧投影，平行正面投影．

（1）默认情况下，我们直接画图的点或线都是斜二侧投影（直观图）.斜二侧投影是向右的，斜二侧投影（左）正好反向.

（2）由生成旋转体菜单生成的旋转体是正等侧投影.

（3）经常为了美化旋转体，我们需改变其投影方式为平行正面投影（相当于正视图或三视图中的主视），然后将其绕 y 旋转一定角度. 平行正面投影 360° 旋转看到的图形和透视图一样.

（4）如果不同投影方式的图元组合在一起，一般要对该几何体统一设置合适的投影方式.

玲珑画板绘图示例

用玲珑画板可以画出许多美丽的图形,如玲珑繁花规、时钟等.

一、玲珑繁花规的制作

1. 选中"视图"→"隐藏网格"命令,设置为隐藏网格视图.单击左侧工具栏上的 2D 圆工具,画一个大圆,圆心为 O,圆周上的点为 A,拖动圆周上的点 A,圆的大小是可以改变的.画出大圆的一条半径 OB,半径在圆周上的点 B,不要与原本的圆周上的点 A 重合,点 B 是可以在圆周上任意运动的点,点 A 与点 B 有不同的作用.

2. 单击左侧工具栏上的画点工具,在半径 OB 上任取一点 C,为了使点 C 的运动范围更大一些,选中 OB 线段,选中"编辑"→"线属性"→"直线"命令,将线段 OB 变为一条直线,拖动点 C,可以发现 C 点的运动范围变为直线.

3. 单击左侧工具栏上的 2D 圆工具,画一个与大圆相切的小圆,点 C 是小圆的圆心,CB 是小圆的半径,切点为点 B,可以发现这个小圆随着圆心 C 在直线上的运动,与大圆可以相内切,也可以相外切,也可以将原本的大圆变成原本的小圆里边的内切圆.

4. 在小圆的内部画出许多运动的小孔.先画出小圆的任意一条半径 CD,D 可以在小圆上运动,在半径上取一点 E,点 E 就是我们要画的繁花规上的一个小孔,选中点 E,使用"编辑"→"点属性"→"大"命令,设置 E 点的点属性为大点,单击左侧工具栏上的颜色工具,将点 E 颜色变为白色,形成孔状的结构.

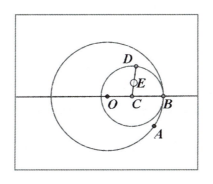

5. 测量几个数据,测大圆的半径,隐藏直线 OB,画出大圆的半径 OB,选中这条半径,使用"测量"→"线长度"命令测出半径的长度,双击测得长度,单击名称处将其命名为 R,保留两位小数.接下来测试小圆的半径,测量小圆半径 CB 即 CD 的长度,单击名称处将其命名为 r,保留两位小数.由于大圆、小圆的半径不同,周长也不同,因此旋转的角度也不同,使用"测量"→"计算"命令,计算 R/r,双击出现在左上角的计算结果,将其命名为 R/r,保留两位小数.可以将这几个数据拖动对齐.点按住圆心 O 或 C 或 A 点拖动,可以改变大小.

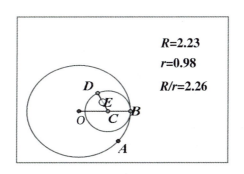

6. 接下来设置旋转动画. 先画一条控制轴, 在变量轴上取变量点, 首先制作两个圆的切点 B 的动画, 选中"动画"→"旋转动画"命令, 将控制轴上的变量点设为变量, 大圆的圆心 O 作为旋转中心, 将 B 点添加到动画, 让 B 点旋转的角度最值为 360*20, 即逆时针转 20 圈, 拖动变量点, 看一下效果.

7. 将变量拖动到起始位置, 制作小圆圆周的旋转动画. 为了保证小圆圆周旋转的角度最值与 B 点旋转的角度最值一致, 方向相反, 将小圆圆周旋转的角度对值设为 –2.57*360*20（2.57 是 R/r 的具体数值）. 仍然使用同一个变量点, 将小圆的圆心 C 设为旋转中心, 选中小圆圆周, 将其添加到动画. 关闭对话框. 拖动变量点, 看一下效果.

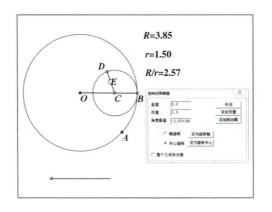

8. 使用"动画"→"动画点线轨迹"命令, 仍然是用同一个变量点, 将"轨迹点频率"设为 800, 选中 E 点, 单击"创建轨迹对象", 在工作区单击, 看一下效果.

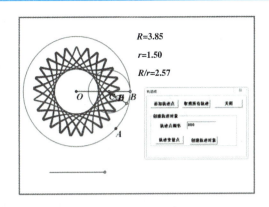

9. 然后双击轨迹，设置轨迹属性，选中"绑定到动点"和"渐变颜色"复选框，关闭对话框，单击，拖动变量点，看一下效果，得到了一个漂亮的图案．

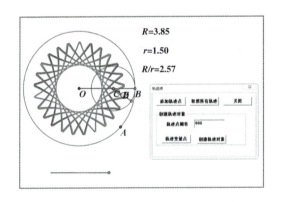

10. 拖动小圆的圆心，改变点 E 的位置，使其到原本彩色图案的边缘处，选中点 E，在原本的轨迹点对话框中，添加轨迹对象，可以发现在原本漂亮图案的周围又加了一圈图案，单击新产生的轨迹，将轨迹属性仍然设置为绑定的动点和渐变颜色，可以拖动变量点，看一下效果．

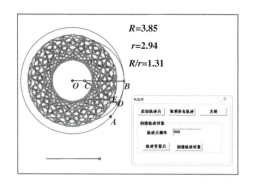

11. 继续往右拖动小圆圆心，使小圆和大圆外切，将 E 点位置向小圆圆心方向移动，定位后，再次将 E 点选中，添加轨迹对象，产生一圈新的图案，单击新产生的轨迹，将轨迹属性仍然设置为绑定的动点和渐变颜色．还可以改变小圆半径的位置到另一处，继续将 E 点选中，添加轨迹对象，产生一圈新的图案，单击新产生的轨迹，将轨迹属性仍然设置为绑定的动点和渐变颜色．这样就创建了四条轨迹．每一条轨迹还可以改变颜色．选中后利用单击左侧工具栏上的颜色工具，可以改变颜色．将变量点拖动到起始位置，可以发现是四条线，可以通过改变这四条线的颜色来改变轨迹颜色．关闭对话框．可以将大圆、小圆的半径和点隐藏．当然也可以继续拖动小圆圆心添加 E 点的更多轨迹．

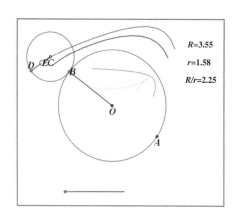

12. 最后可以作出旋转动画. 再创建一条控制轴,将上面点设为变量点,将大圆圆心作为旋转中心,可以选中两条轨迹,使得它们作逆时针旋转 360°,再将第一条控制轴拖动到起始位置,选中另外两条轨迹,添加到动画,使得它们作顺时针旋转 360°,即设置角度最值为 −360°,拖动第二条控制轴变量点,可以清楚地看到四条线的旋转方向.

接着制作一个动画按钮,选中"创建"→"控制类按钮"→"自动动画按钮"命令,在空白处单击,创建一个自动动画按钮,双击左侧颜色条,将两条变量轴添加到动画对象就可以看到旋转的繁花规了.

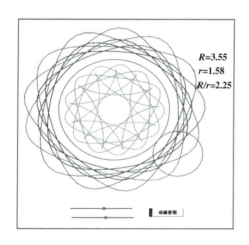

二、时钟的制作

1. 首先切换到 2D 网格,在屏幕中央的竖线位置处,使用"创建"→"线"→"箭头线"命令,依次画三条有共同端点的、长短不一的、带箭头的线段,按照长度大小,依次对应秒针、分针和时针,然后画一条控制轴,制作一个旋转动画,控制轴上的变量点设定为变量，以共同的端点作为旋转中心，旋转角度最值为 −360°，选中时针的另一端点，将其添加到动画，拖动控制轴上的变量点看一下效果，不关闭对话框，设置分针的旋转角度最值为 −360°*12，选中分针的另一端点，添加到动画，设置秒针的旋转角度最值为 −360°*12*60，选中秒针的另一端点，添加到动画，拖动控制轴上的变量点看一下时针、分针、秒针的旋转效果．

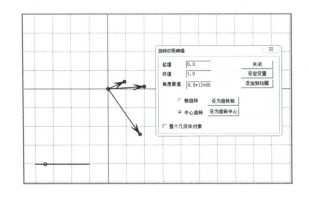

2. 使用"参数"→"添加参数"命令创建一个参数 a，双击参数 a 设置参数属性，最大值为 12*3 600，单击变量点，单击"绑定动点"按钮，小数位数设为 1，单击"确定"按钮，关闭对话框．拖动控制轴上的变量点看一下效果．可以看到参数 a 代表的秒数从 0 到 43 200．

3. 进行时、分、秒的设置．使用"测量"→"计算"命令，在弹出的对话框中输入表达式变量为"floor（a/3 600）"，将秒转换为时并且取整，双击左上角得到的结果，设置名称为 b，小数位数为 1，单击"确定"按钮，可以得到时的变化．然后再选中"测量"→"计算"命令，在弹出的对话框中输入表达式变量为"floor（（$a-b$*3 600）/60）"，将秒转换为分并且取整，双击左上角得到的结果，设置名称为 c，小数位数为 1，单击"确定"按钮，可以得到分．

然后计算秒．使用"测量"→"计算"命令，在弹出的对话框中输入表达式变量为"a–b*3 600–c*60"，双击左上角得到的结果，设置小数位数为 1，单击"确定"按钮，可以得到秒．

使用左侧工具栏上的文本工具，在 b，c 和秒的结果上方位置单击，输入文本"时""分""秒"．然后依次双击 b，c，修改名称属性，将"显示名称"复选框中的对钩去掉，调整位置，选中"视图"→"隐藏网格"命令．完成对时、分、秒的设置．

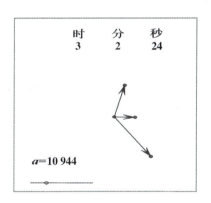

4. 使用"创建"→"圆"→"圆"命令，以时、分、秒针的共同端点为圆心，建立一个自由圆，可以将圆周上的点去除掉，选中圆周，使用"创建"→"等分点"→"N 等分点"命令，设置等分数值为 12，将圆周 12 等分．选中这 12 个点，使用"编辑"→"点属性"→"大"命令，将点变大，可以将 6 点和 12 点的点改变颜色，另外，时、分、秒的数值也可以改变颜色．拖动控制轴上的变量点看一下效果．

借玲珑画板之桨，探究学习立体几何

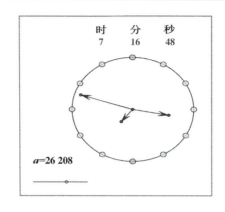

5. 选中"创建"→"控制类按钮"→"显示/隐藏"命令，在空白处单击，创建一个显隐按钮，双击左侧颜色条，设置按钮属性，框选时、分、秒的数值，单击对话框中的"添加对象"按钮，将名称修改为"答案"，单击"确定"按钮．这样单击"答案"按钮，隐藏时、分、秒的数值时，拖动变量轴上的变量点，时针、分针、秒针指到一定的位置，让学生读一下时间数，再单击"答案"按钮，可以核对时间读数．

6. 下面制作时、分、秒的加减．选中"创建"→"控制类按钮"→"文本命令"命令，再单击工作区空白处，出现"中心旋转"文本．单击选中"中心旋转"文本前面的图标，按一下Ctrl+C键，再按5下Ctrl+V键，复制、粘贴5次，拖动开以后就出现6个同样的文本命令．依次双击黑块，分别设置"命令文本属性""命令类型"均为"参数值—增减"，名称分别为"增加1小时""减小1小时""增加1分钟""减少1分钟""增加1秒钟""减少1秒钟"，变换值分别为"3 600""-3 600""60""-60""1""-1"，设置完毕后，框选6行文本，单击左侧工具栏的字体工具，设置文本的字形为粗体，字号为 4 号.单击"答案"按钮，将答案隐藏，拖动变量轴上的变量点至某一位置，选中 a 的表达式，再单击"增加 1 小时"文本框，对照表读一下，然后单击"答案"按钮看一下答案.也可以不隐藏答案，选中 a 的表达式，依次单击不同的文本框，看一下表针的走法和时间的变化.

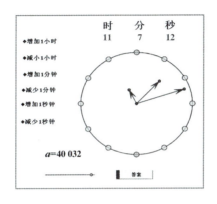